महा प्रज्ञा पारमिता हृदय सूत्र

산스크리트
반야심경
般若心經

원전주해

박지명 · 이서경

東文選

서문 • 4
《반야심경》 산스크리트 원문 • 8
《반야심경》 원전 주석 • 23
《반야심경》의 실담어(悉曇語) • 71
부록
    불교의 경전과 이론 • 80
    《반야심경》은 어떤 경전인가 • 84
    붓다의 가르침의 단계적인 시기 • 88
    붓다의 십대 제자 • 93
    붓다의 가르침과 인도의 여섯 철학 체계 • 97
    삼매에 대해 • 104
    삼계(三界)에 대해 • 106
    산스크리트 발음 • 108
    참고 문헌 • 111

महा प्रज्ञा पारमिता हृदय सूत्र

반야심경

般若心經

서 문

　불교의 '마하 프라그야 파라미타 흐리다야 수트라,' 즉 '마하반야바라밀다심경(摩訶般若波羅蜜多心經)'의 약식 표현인 《반야심경(般若心經)》은 불교의 경전에 대해 잘 알지 못하는 사람들에게까지도 그 이름이 익숙할 만큼 매우 대중적인 경전이다.

　대부분의 불교 경전들과 마찬가지로 《반야심경》 또한 부처님의 열반 후에 결집되었다. 그러나 부처님의 이 지혜의 언어는 다양한 계층의 학자로부터 일반 민중들에게 이르기까지 누구에게나 생생한 가르침으로 살아 있을 뿐만 아니라, 짧고 단순하지만 무한한 지혜의 깊이를 가지고 있는 대표적인 경전으로서, 초기의 불교 경전과 대승경전의 다리 역할을 해주는 중요한 위치를 차지하고 있다. 오랫동안 인도철학과 산스크리트 원전을 공부하며 수행해 온 필자의 입장에서도 《반야심경》은 언제나 인도의 《바가바드 기타》《요가 수트라》《브라흐마 수트라》 등과 같은 위대한 경전들과 함께 머릿속의 도서관에 중요한 위치를 차지하며 붓다와 그 시대의 향기를 내뿜고 있다.

　현재 우리나라에서 통용되고 있는 《반야심경》은 당나라 때 현장스님이 인도를 다녀오면서 만들어진 《반야심경 산스크리트 원전》 한역본을 우리말로 옮긴 것이 대부분으로, 현장스님의 《반야심경》 한역본은 우리나라 불교문화를 형성하는 데 지대한 역할을 해왔다. 그 외에도 티베트어나 일본어 등으로 번역된 《반야심경》은 그 나라마다의 독특한 불교문화를 이루는 데 바탕이 되어 왔으며, 막스 뮐러, 에드워즈 콘즈에 의한 영역본은 시대를 넘어 살아 있는 《반야심경》의 숨결을 느끼게 한다.

　이렇게 세계의 여러 언어로 번역되어 온 《반야심경》은 오랜 시대를 걸쳐 수많은 사람들의 마음을 지탱하여 주는 위대한 지침이 되어 왔다. 필자 또한 어린 시절부터 《반야심경》이라는 귀한 경전의 한자와 그 뜻이 모두 기억되고 내면에 맴돌아 인생의 지표에 많은 영향을 받은 것이 사실이다. 그러나 우리나라에 나와 있는 한역 《반야심경》이 현장법사의 탁월하고 눈부신 작품인 것만은 틀림없지만, 산스크리트어로 된 《반야심경》을 우리말로 바로 옮기는 작업 또한 반드시 의미 있는 일일 것이다.

　《반야심경》 외에도 산스크리트어로 된 불교의 경전들 중에는 《아함경(阿含經)》과 《금강경(金剛經)》 등이 있으며, 부처님 시대의 초기 경전으로 산스크리트어의 방언인 팔리어로 된 《담마파다(法句經)》와 《숫다니파다(經集)》 등이 있다.

　역사적인 상황이나 철학적인 배경으로 볼 때 불교와 인도사상의 수행적인 견해는 서로 차이가 있지만, 가는 길과 맥락은 다르다고 볼 수 없으며, 사실상 이 짧은 경전 안에 함축된 《반야심경》의 내용은 우리 문화의 산물이라고도 말할 수 있다. 산스크리트어의 "사 순야타 야 순야타 타드루팜 에바메바"의 한역, "색즉시공 공즉시색(色卽是空 空卽是色)"은 매우 탁월한 해석일 뿐만 아니라, 그 의미는 수많은 시대를 살아오면서 우리 민족에게 체득되고 자기화되어 왔다.

　그러나 《반야심경》의 산스크리트 원전은 현재까지도 엄연히 존재하고 있으며, 붓다가 깨달은 후 산스크리트어로 설파한 핵심적인 경전이기에 그러한 부분의 원론적인 해석은 필요하다고 여겨진다. 그런 의미에서 이번에 출간되는 《반야심경》을 통하여 필자는 원래 불교의 관점에서만이 아닌 또 다른 관점, 즉 부처님 시대에도 존재하였고 부처님이 실제로 깨달음을 위해 공부하였던, 인도철학의 입장에서 용감하게 이 책을 해석하여 보았다. 독자들께서도 《반야심경》이라는 경전을 종교나 사상을 떠나 객관적인 시야로 새롭게 바라볼 수 있었으면 한다. 우리가 진리를 바라볼 때 여러 각도와 다양한 측면으로 대할 수 있다면 더욱 매력적이지 않을까? 그것이 부처님의 보편적인 가르침이자 《반야심경》의 진정한 가르침일 것이라고 생각한다.

　끝으로 전포용적인 불교의 명철한 가르침을 언제나 쉽게 전해 주신 손거사님이라고 불리는 고향의 손지산 형님에게 이 책을 바치며, 독자들에게 불교문화의 배경을 원전에 입각하여 바라보게끔 책을 출간하도록 독려한 동문선의 신성대 사장님께 감사드린다.

박지명 · 이서경

महा प्रज्ञा पारमिता हृदय सूत्र

반 야 심 경

산스크리트 원문

महा प्रज्ञा पारमिता हृदय सूत्र

॥ नमः सर्वज्ञाय ॥

आर्यावलोकितेश्वरो बोधिसत्त्वो
गम्भीरां प्रज्ञापारमिताचर्यां चरमाणो व्यावलोकयति स्म ।
पञ्च स्कन्धाः तांश्च स्वभावशून्यान् पश्यति स्म ॥
इह शारिपुत्र रूपं शून्यता शून्यतैव रूपं
रूपान्न पृथक् शून्यता शून्यताया न पृथग्रूपं यद्रूपं
सा शून्यता या शून्यता तद्रूपं एवमेव
वेदनासंज्ञासंस्कारविज्ञानम् ॥
इह शारिपुत्र सर्वधर्माः शून्यतालक्षणा अनुत्पन्ना अनिरुद्धा
अमला अविमला अनूना अपरिपूर्णाः
तस्माच्छारिपुत्र शून्यतायां

마하 프라그야 파라미타 흐리다야 수트라

‖ 나마호 사르바그야야 ‖

아르야발로키테스바로 보디사뜨보

감비람 프라그야파라미타차르얌 차라마노 브야발로카야티 스마 |

판차 스칸다흐 탐스차 스바바바순얀 파샤티 스마 ‖

이하 사리푸트라 루팜 순야타 순야타이바 루팜

루판나 프리탁 순야타 순야타야 나 프리타그루팜 야드루얌

사 순야타 야 순야타 타드루팜 에바메바

베다나삼그야삼스카라비그야남 ‖

이하 사리푸트라 사르바다르마흐 순야탈락샤나 아누트판나 아니루따

아말라 아비말라 아누나 아파리푸르나흐

타스마차리푸트라 순야타얌

न रूपं न वेदना न संज्ञा न संस्कारा न विज्ञानं

न चक्षुःश्रोत्रघ्राणजिह्वाकायमनांसि

न रूपशब्दगन्धरसस्प्रष्टव्यधर्माः ।

न चक्षुर्धातुर्यावन्न मनोविज्ञानाधातुः ।

न विद्या न अविद्या न विद्याक्षयो न अविद्याक्षयो यावन्

न जरामरणं न जरामरणक्षयो

न दुःखसमुदयनिरोधमार्गा न ज्ञानं

न प्राप्तिर्नाभिसमयस्तस्मादप्राप्तित्वात् ।

बोधिसत्त्वस्य प्रज्ञापारमितामाश्रित्य विहरतो अचित्तावरणः ।

चित्तावरणनास्तित्वादत्रस्तो

विपर्यासातिक्रान्तो निष्ठनिर्वाणः ॥

त्र्यध्वव्यवस्थिताः सर्वबुद्धाः

प्रज्ञापारमितामाश्रित्य

나 루팜 나 베다나 나 삼그야 나 삼스카라 나 비그야남

나 착슈흐 스로트라그라나지흐바카야마남시

나 루파샤브다간다라사스프라쉬타브야다르마흐|

나 착슈르다투르야반나 마노비그야나다투흐|

나 비드야 나 아비드야 나 비드약샤요 나 아비드약샤요 야반

나 자라마라남 나 자라마라낙샤요

나 두흐카사무다야니로다마르가 나 그야남

나 프라프티르나비사마야스타스마다프라프티트바트|

보디사뜨바스야 프라그야파라미타마스리트야 비하라토 아치따바라나흐|

치따바라나나스티트바다트라스토

비파르야사티크란토 니쉬타니르바나흐‖

트르야드바브야바스티타흐 사르바부따흐

프라그야파라미타마스리트야

अनुत्तरां सम्यक्संबोधिमभिसंबुद्धाः ॥

तस्माज्ज्ञातव्यम् ।

प्रज्ञापारमिता महामन्त्रो महाविद्यामन्त्रो
अनुत्तरमन्त्रो असमसममन्त्रः
सर्वदुःखप्रशमनः सत्यममिथ्यत्वात् ।

प्रज्ञापारमितायामुक्तो मन्त्रः । तद्यथा
गते गते पारगते पारसंगते बोधि स्वाहा ॥

इति प्रज्ञापारमिताहृदयं समाप्तम् ॥

아누따람 삼약삼보디마비삼부따호 ||

타스마즈그야타브얌 |

프라그야파리마타 마하만트로 마하비드야만트로

아누따라만트라로 아사마사마만트라호

사르바두흐카프라사마나호 사트야미트야트바트 |

프라그야파라미타야묵토 만트라호 | 타드야타

가테 가테 파라가테 파라삼가테 보디 스바하 ||

이티 프라그야파라미타흐리다얌 사마프탐 ||

漢　譯

摩訶般若波羅蜜多心經

觀自在菩薩

行深般若波羅蜜多時　照見

五蘊皆空　度一切苦厄

舍利子　色不異空

空不異色

色卽是空　空卽是色

受想行識　亦復如是

舍利子　是諸法空相　不生不滅

不垢不淨　不增不減

是故

空中無色　無受想行識

마하반야바라밀다심경

관자재보살

행심반야바라밀다시 조견

오온개공 도일체고액

사리자 색불이공

공불이색

색즉시공 공즉시색

수상행식 역부여시

사리자 시제법공상 불생불멸

불구부정 부증불감

시고

공중무색 무수상행식

無眼耳鼻舌身意

無色聲香味觸法

無眼界 乃至 無意識界

無無明 亦無無明盡 乃至

無老死 亦無老死盡

無苦集滅道

無智亦無得 以無所得故

菩提薩埵 依般若波羅蜜多故 心無罣碍

無罣碍故 無有恐怖

遠離顛倒夢想 究竟涅槃

三世諸佛

依般若波羅蜜多故

得阿耨多羅三藐三菩提

故知

무안이비설신의

무색성향미촉법

무안계 내지 무의식계

무무명 역무무명진 내지

무노사 역무노사진

무고집멸도

무지역무득 이무소득고

보리살타 의반야바라밀다고 심무가애

무가애고 무유공포

원리전도몽상 구경열반

삼세제불

의반야바라밀다고

득아뇩다라삼먁삼보리

고지

般若波羅蜜多　是大神呪　是大明呪

是無上呪　是無等等呪

能除一切苦　眞實不虛

故說　般若波羅蜜多呪　卽說呪曰

揭帝揭帝　波羅揭帝　波羅僧揭帝　菩提娑婆訶

반야바라밀다 시대신주 시대명주
시무상주 시무등등주
능제일체고 진실불허
고설 반야바라밀다주 즉설주왈
아제아제 바라아제 바라승아제 모지사바하

우리말

위대한 지혜의 초월적인 마음의 경전

전체적인 지혜에 귀의합니다.

성스러운 관찰자이며, 위대한 스승이며, 지혜로운 존재인 아발로키테스바라께서는

심오한 프라그야 파라미타의 지혜를 행하시면서 깊이 살피시다가,

다섯 가지가 있어서 그들 고유성질이 비어 있음을 보시었다.

사리푸트라여! 여기 물질은 비어 있고, 비어 있는 자체가 물질이다.

텅 빔은 물질과 별개의 것이 아니고, 물질은 텅 빔과 별개의 것이 아니다.

물질인 것은 곧 텅 비어 있는 것이며, 텅 비어 있는 것이 곧 물질이다.

느낌과 인식과 현상들과 알음알이도 바로 그와 같다.

사리푸트라여, 여기에 모든 법들의 비어 있음의 특징은 생겨나는 것도 아니고, 멸하는 것도 아니며,

더러운 것도 깨끗한 것도 아니며, 부족하거나 넘치는 것도 아니다.

　사리푸트라여, 그러므로 텅 비어 있음에는

　물질도 없고, 느낌도 없으며, 인식도 없고, 인상의 심리 현상들도 없고, 알음알이도 없다.

　눈, 귀, 코, 혀, 몸, 마음도 없고,

　형상, 소리, 냄새, 맛, 감촉, 어떤 대상도 없으며,

　보이는 시각의 영역도 없고, 마음의 의식계도 없다.

　지혜도 없고, 무지도 없고, 지혜의 소멸도 없으며, 무지의 소멸까지도 없으며,

　늙음과 죽음도 없고, 늙음과 죽음의 소멸도 없다.

　고통도 없고, 고통의 원인도 없으며, 고통의 소멸도 없으며,

　그것으로 가는 방법도 없으며, 그러한 지혜도 없으며,

　인식도 없고, 지켜보는 것도 없다. 그러므로 인식 그 자체도 없는 것이다.

　보디사뜨바는 프라그야 파라미타에 의지하여 마음에 목적의식과 장애가 없이 머무나니,

　마음에 장애가 없기 때문에 두려움이 없고,

　뒤바뀐 마음을 너머 궁극의 니르바나를 증득한다.

　삼계에 머물고 계신 모든 깨달은 붓다들께서는

　초월적인 지혜 프라그야 파라미타에 의지하여

집중과 지혜와 모든 깨달음으로 돌아가고 회귀한다.

그러므로 알아야 한다.

프라그야 파라미타는 가장 위대한 만트라이며, 가장 위대한 지식의 만트라이며,

위 없는 만트라이며, 그것과 동등한 것이 없는 만트라이며,

모든 괴로움을 평정하며, 거짓됨이 없기에 진실하다.

프라그야 파라미타에서 이러한 진언이 설해졌나니, 그것은 다음과 같다.

가자! 가자! 저 너머 가자! 완전히 저 너머로 가자! 깨달음을 위하여 귀의한다!

가테! 가테! 파라가테! 파라삼가테! 보디 스바하!

이로써 프라그야 파라미타 흐리다야 수트라의 핵심이 완성되었다.

महा प्रज्ञा पारमिता हृदय सूत्र

원 전 주 석

महा प्रज्ञा पारमिता हृदय सूत्र

마하 프라그야 파라미타 흐리다야 수트라

    마하=위대한
    프라그야=지혜(반야, 般若)
    파라미타=초월의, 넘어서는(바라밀다, 波羅蜜多)
    흐리다야=가슴, 심장(심, 心)
    수트라=경전(경, 經)

위대한 지혜의 초월적인 마음의 경전
摩訶般若波羅蜜多心經
마 하 반 야 바 라 밀 다 심 경

    붓다는 지금으로부터 2500년 전, 동서양의 수많은 사상이 일어나던 시대에 지금의 인도와 네팔 국경 지역 '카필라바수트' 왕국의 왕자로 태어나, 29세에 출가하였다. 출가 후 수많은 수행의 과정을 겪은 붓다는 북인도의 부다가야에서 깨달음을 얻고 나서, 바로 21일 동안 화엄부(華嚴部-Gandhavyuha, 간다브유하)의 가르침을 설하였다고 한다. 그러나 그 뜻이 너무나 어렵고 심오하여, 그 다음부터는 대중의 수준에 맞추어 단계적으로 가르침을 펼치게 되었는데, 맨 처음 아함부(阿含部-Agama, 아가마)의 가르침을 12년, 그 다음 방등부(方等部-Vaipulya, 바이풀야)의 가르침을 8년, 그 다음 반야부(般若部-Pragya, 프라그야)의 가르침을 21년, 마지막으로 법화부(法華部-Saddharma, 사다르마)와 열

반부(涅般部-Nirvana, 니르바나)의 가르침을 8년 동안 하였다. 그 중에서 이 《반야심경》은 반야부의 경전으로 붓다의 가르침의 정점에 속하는 경전이다.

'마하'라는 말은 인도인들이 즐겨 쓰는 용어로, '위대한' 또는 '거대한'이라는 뜻을 지니고 있으며, 그들의 경전이나 수행자의 존칭으로 많이 사용한다. '프라그야'는 보통 '프라즈나'라고도 발음하는데 산스크리트 발음으로 프라그야가 더 정확하다. 이것은 지혜를 의미하며, 한역으로는 반야(般若)라고 한다. 반야는 현장법사가 원음을 살려 새로운 중국식 문화언어로 탄생시킨 것으로 산스크리트 문화가 중국화된 대표적인 예이다. '파라미타'에서 '파라'는 초월적인 그리고 넘어서는이라는 뜻이며, '흐리다야'는 가슴, 또는 마음을 뜻한다. 인도인들은 흐리다야를 심장과 마음을 동시에 말하는 것으로 많이 표현하는데, 이것을 심(心)으로 해석하였다.

'수트라'는 산스크리트어로 경(經), 즉 경전을 의미하며, '실타래'라는 뜻으로 사용하기도 한다. 이것은 산에서 길을 잃어버린 이가 자신이 묶어둔 실타래를 통하여 갔던 길을 찾아왔다는 이야기에서 유래된 것인데, 진리에 도달하는 것도 이와 다르지 않다는 뜻으로 하는 말이다. 《반야심경》을 위대한 경전이라고 하는 까닭 또한 진리의 과정이 시작으로부터 끝까지 실타래처럼 끊이지 않고 연결되어 있기 때문이다.

이리하여 '마하 프라그야 파라미타 수트라'는 "위대한 지혜의 초월적인 마음의 경전"이라는 의미를 가지게 된 것이다.

॥ नमः सर्वज्ञाय ॥

॥ 나마흐 사르바그야야 ॥

    나마흐=귀의하다
    사르바=전체
    그야야=지혜

전체적인 지혜에 귀의합니다.

    이 절은 《반야심경》이 전체적인 지혜를 조망하고 세부적으로 해석하게 해주는 위대한 경전이라는 사실을 알리는 동시에, 그 시작을 선포하는 것이다. 《반야심경》을 왜 전체적인 지혜라고 표현하였을까? 그것은 이 짧은 경전 안에 모든 것이 포괄된 지혜가 담겨져 있기 때문이다. 《반야심경》은 붓다의 가르침의 정수를 가장 간단하고 명료하게 나타낸 경전이다. 《반야심경》은 불교의 경전이지만 어떤 종교의 수행 체계도 포함할 수 있을 뿐만 아니라, 더 나아가 종교적인 것마저도 뛰어넘는 위대한 지혜의 가르침을 주고 있다. 이 경전은 끊임없이 변하는 무상(無常)사상과 고정된 불변의 나는 없다고 하는 무아(無我)사상을 통하여, 근본불교와 대승불교의 모든 가르침을 존재하게 하였으며, 언어와 문자로 드러난 가르침의 교리를 가지는 현교(顯敎)와 비밀스런 가르침을 전하는 밀교(密敎)를 탄생하게 하였다.

    통일신라의 원효스님은 《반야심경》의 가르침을 세 과정으로 나누었는데, 첫번째 총거문(摠擧門)에서는 관자재보살이 반야수행을 실천하

였을 때, 다섯 가지의 물질적이거나 정신적인 현상세계가 비어 있어 고통을 넘어섰다고 하였으며, 두번째 별현문(別顯門)에서는 불교의 3과 과정인 근(根), 경(境), 식(識)의 과정과 성문(聲聞), 연각(緣覺), 보살(菩薩)의 4성제(聖際), 12인연(因緣), 6바라밀(波羅蜜)의 가르침, 무상(無常)과 무아(無我)의 가르침을 주었으며, 마지막으로 세번째 유통문(流通門)에서는 《반야심경》이 모든 경전의 핵심이 되어 사바세계가 정토세계가 된다고 하였다.

《반야심경》은 실로 어떠한 사상과 수행방식이라도 이 안에서 만나게 할 수 있는 붓다의 위대한 가르침의 경전인 것이다.

आर्यावलोकितेश्वरो बोधिसत्त्वो

아르야발로키테스바로 보디사뜨보

  아르야=고귀한
  아발로키타=보다, 관찰하다, 명상하다
  이스바라흐=인격신, 스승, 위대한 자
  보디=지혜
  사뜨바=존재, 실제, 선함

성스러운 관찰자이며, 위대한 스승이며, 지혜로운 존재인 아발로키테스바라께서는
 觀自在菩薩
 관 자 재 보 살

  '아르야'란 '아리얀족'을 말하는 것이기도 하나 여기서는 산스크리트어로 고귀한 사람이라고 한다. '아발로키테스바라'에서 '아발로키'는 명상하는 자이며, '이스바라'는 인격적인 신성, 즉 지혜로운 인격적인, 자재(自在), 신을 말한다. 그러므로 신성의 지혜로운 이, 또는 신이 명상을 한다는 것이다. 아발로키데스바라는 한역으로 관자재보살(觀自在菩薩)이라고 하며, 천 개의 손과 눈을 가진 32응신(應身)의 화신으로 14무외력(無畏力)의 초능력을 갖추어 사바세계에서 중생을 구제하는 선지자로서 중생의 소리를 듣고 그 소리에 따라 고통을 없애 준다고 하여 관세음보살(觀世音菩薩)이라고도 한다. 관자재보살은 중생들이 지혜를

성취하고 고통에서 벗어날 수 있도록 네 가지의 방편을 주었다. 그 첫번째는 때를 아는 것이며, 두번째는 근기를 아는 것, 세번째는 하나의 바다로 향하는 것, 네번째는 윤회로부터 벗어나는 것이다. 부처님은 깊은 삼매에 들 때에나 나올 때에 항상 이것을 자재(自在)하였다고 한다. '보디사뜨바'는 지혜인 '보디'와 선하고 좋은 것의 극치인 '사뜨바'가 합쳐진 말이다. 또한 보디는 부처님인 붓다의 어원이기도하다. 대승불교에서 말하는 깨달은 이, 즉 보디사뜨바인 보살(菩薩)은 깨닫지 못한 중생(衆生)을 위해서 살아가고 가르침을 펼치는 이를 말한다. 그래서《반야심경》에서 보살의 행위는 깊고도 깊은 것이다.

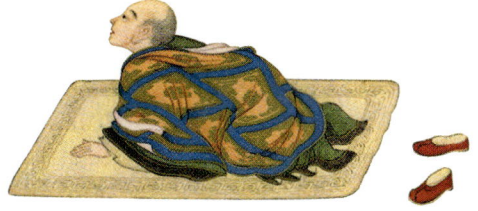

गम्भीरां प्रज्ञापारमिताचर्यां चरमाणो व्यावलोकयति स्म ।

감비람 프라그야파라미타차르얌 차라마노 브야발로카야티 스마 |

  감비람=깊은, 심오한, 비밀의
  프라그야=지혜
  파라미타=건너가는
  차르얌=과정, 의무, 행동
  차라마노=빛나는
  브야=참으로
  아발로카야티=바라보다, 명상하다, 찾다
  스마=실로, 깊이

심오한 프라그야 파라미타의 지혜를 행하시면서 깊이 살펴보시다가,
 行深般若波羅蜜多時 照見
 행 심 반 야 바 라 밀 다 시 조 견

  '감비람'이란 심오하고 감추어진 비밀을 말한다. 모든 지혜인 '프라그야'는 감추어져 있으며, 그 감추어진 지혜를 넘어가기 위한 방법들이 명상이나 참선, 또는 다른 모든 방편들의 수행법들이다. 불교에는 중국으로부터 건너온 간화선(看話禪)과 묵조선(默照禪), 염불선(念佛禪), 관법 등이 있으며, 남방불교에는 위빠사나, 티베트불교에는 밀교 등이 있다. 요가 수행에는 그야나 요가, 라자 요가, 만트라 요가, 쿤달리니 요

가, 탄트라 요가 등이 있으며, 기독교의 묵상이나 이슬람의 수피명상도 모두가 마음의 작용을 넘어가는 지혜의 방법론을 쓰는 것이다.

불교는 어떤 종교보다 실천적인 수행법을 가지며, 고착이 안 된 자유로운 종교라고 할 수가 있다. 그러나 수행방식의 다양함을 떠나 《반야심경》의 진리의 핵심은 스승과 제자 간에 전달되는 가르침으로, 또는 경전 안에 감추어진 채로, 그것은 마치 다이아몬드가 광석 안에서 찬란하게 빛을 발하는 것처럼 빛나고 있다.

पञ्च स्कन्धाः तांश्च स्वभावशून्यान् पश्यति स्म ॥

판차 스칸다흐 탐스차 스바바바순얀 파샤티 스마 ‖

    판차=다섯

    스칸다흐=어깨, 줄기, 지식의 갈래, 묶여진 것

    탐=그들에게

    차=그리고

    스바=자아

    바바=존재, 생각

    순야타=빈, 공(空)

    파샤티=보다

    스마=실로

다섯 갈래가 있어서 그들 고유성질이 비어 있음을 보시었다.
五蘊皆空 度一切苦厄
오온개공 도일체고액

    이 절에서 말하는 다섯 가지는 오온(五蘊), 즉 색(色), 수(受), 상(想), 행(行), 식(識)을 말한다. 여기에서 색은 물질을 이르는 것이며, 수, 상, 행, 식은 정신을 이르는 것이다. 인도의 여섯 철학 체계 중에 카필라가 창시한 삼크야 철학에서는 세상은 크게 절대적인 참 나 '푸루샤'와 상대적인 자연 '프라크리티' 그 둘로 존재한다고 하였다. 그 중 프라크리티에는 스물네 가지 요소가 속해 있는데, 그것은 다음과 같다.

1. 마하트
2. 부띠
3. 아함카라: 사뜨바스 아함카라(섬세한 에고)
4. 마나스
5-9. 부띠 인드리야스: 다섯 가지 감각의 지각(시각, 미각, 청각, 냄새, 후각, 촉각)
10-14. 카르마 인드리야스: 다섯 가지 감각의 행동(언어 표현, 쥐는 것, 운동, 생식, 제거하는 것) - 라자스 아함카라(활동적인 에고)
15-19. 탄마트라스: 다섯 가지 섬세한 요소(소리=사브다, 색깔=루파, 맛=라사, 냄새=간다, 접촉=스파르사) - 타마스 아함카라(거친 에고)
20-24. 부타스, 타트바스: 다섯 가지 거친 요소(에테르, 지, 수, 화, 풍)

인도에서는 삼크야 철학을 보통 수론(數論)이라고 한다. 지식의 배열이 완전히 정리되지 않으면 객관적인 지식이 확립되지 않는다고 보기 때문이다.

《반야심경》은 붓다가 부다가야의 보리수 아래에서 깨달음을 얻고 난 다음 많은 가르침을 펼치기 시작했을 때부터, 이미 삼크야 철학을 깨우친 붓다 자신의 친밀한 용어로 설파되었을 것이다.

특히 공하고 비어 있다는 뜻의 '순야타'는 "상대적인 세계가 절대적으로 비어 있다는 것을 보는 상태"를 말하는 것인데, 거기에서는 붓다의 완전히 넘어선 의식세계를 말하지 않으면 안 된다.

इह शारिपुत्र रूपं शून्यता शून्यतैव रूपं

이하 사리푸트라 루팜 순야타 순야타이바 루팜

이하=여기에
사리푸트라=사리푸트라, 사리불
루팜=형상
순야타= 빔, 공(空)함
순야타 에바=오직 비어 있음
루팜=형상

사리푸트라여! 여기 물질은 비어 있고, 비어 있는 자체가 물질이다.
舍利子 色不異空
사 리 자 색 불 이 공

여기에 붓다의 위대한 가르침이 시작된다. 붓다는 "물질은 공이며, 텅 빈 순야타인 공이 바로 물질이다"라고 하였으니, 그것은 현대물리학의 양자역학에서 모든 물질은 진공으로부터 창조된다라고 말한 것과도 같다. 이미 붓다와 그 이전의 선각자들은 이것을 주관적으로 체득하고 표현하였던 것이다.

रूपान्न पृथक् शून्यता शून्यताया न पृथग्रूपं यद्रूयं

루판나 프리탁 순야타 순야타야 나 프리타그루팜 야드루얌

    루팜=형상
    나=아니다
    프리탁=다른
    순야타=빔, 공(空)
    순야타야=빔
    나=아니다
    프리탁=다른
    루팜=형상
    야드=이것
    루팜=형상

텅 빔은 물질과 별개의 것이 아니고, 물질은 텅 빔과 별개의 것이 아니다.
空不異色
공 불이 색

    텅 빈 순야타를 가르키는 공(空)은 현상세계인 물질과 다르지 않으며, 물질은 공의 상태와 다르지 않다고 하였다.

सा शून्यता या शून्यता तद्रूपं एवमेव

사 순야타 야 순야타 타드루팜 에바메바

  사흐=이것
  순야타=빔
  야흐=이것
  순야타=빔
  타드=그것
  루팜=형상
  에밤=그래서
  에바=오직, 실로

물질인 것은 곧 텅 비어 있는 것이며, 텅 비어 있는 것이 곧 물질이다.
色卽是空 空卽是色
색 즉 시 공 공 즉 시 색

  물질이 곧 공이며, 공이 바로 물질이라는 것은 《반야심경》의 핵심이다. 일반적으로도 많은 사람들이 "색즉시공 공즉시색"이라는 단순한 문장의 깊은 철학적인 의미를 배경으로 여러 지식들을 빗대어 말하곤 하는데, 원래 《우파니샤드》 경전에서는 이것을 "푸르나마다흐 푸르나미담"이라고 하여, "그것인 절대도 완전하며, 이것인 상대도 완전하다"라고 표현하였다. 《반야심경》의 색즉시공 공즉시색, 물질인 것은 텅 비어

있으며, 텅 비어 있는 것이 물질이다, 즉 절대세계의 의식이 이미 상대세계의 모든 현상와 다르지 않다는 것이다. 붓다가 이러한 가르침을 전제로 한 것은 그의 전체적인 의식세계를 먼저 선포하기 위한 것이다.

वेदनासंज्ञासंस्कारविज्ञानम् ॥

베다나삼그야삼스카라비그야남 ‖

>베다나=느낌(受)
>삼그야=생각, 인식(想)
>삼스카라=인상, 현상들(行)
>비그야남=의식, 알음알이(識)

느낌과 인식과 현상들과 알음알이도 바로 그와 같다.
受想行識 亦復如是
수 상 행 식 역 부 여 시

    전체적인 의식세계를 먼저 선포하고 난 후, 이 절에서는 느낌도, 인식도, 현상도, 알음알이도 모두 절대의 표현으로 드러난다고 말하고 있다. 즉 표현된 것은 언제나 표현되지 않은 절대진공의 순야타를 배경으로 가지고 있다는 것이다.

इह शारिपुत्र सर्वधर्माः शून्यतालक्षणा अनुत्पन्ना अनिरुद्धा

이하 사리푸트라 사르바다르마흐 순야탈락샤나 아누트판나 아니루따

>   이하 = 여기에
>   사리푸트라 = 사리푸트라, 사리불자
>   사르바 = 전체, 모든
>   다르마흐 = 정의, 법
>   순야타 = 빔, 공함
>   락샤나 = 흔적
>   아누트판나 = 생겨나지 않는
>   아니루따 = 멸망하지 않는

사리푸트라여, 여기에 모든 법들의 비어 있음의 특징은 생겨나는 것도 아니고, 멸하는 것도 아니며,
  舍利子 是諸法空相 不生不滅
  사 리 자   시 제 법 공 상   불 생 불 멸

사리푸트라는 붓다의 십대 제자 중에 가장 지혜가 뛰어난 사람으로, 지금의 비하르 지역인 인도 중북부 마가다국의 라자그리하(왕사성; 王舍城)에서 브라흐만 집안의 둘째아들로 태어났다. 그는 원래 '산자야'라는 스승을 모시고 수행을 하였으나, 붓다의 첫번째 가르침을 받은 다섯 비구 중의 첫째인 '아사지'의 소개로 붓다의 가르침을 받게 되어, 그 후 십대 제자 중에 신통이 뛰어난 마우드갈야나(목건련; 目犍連)와

함께 산자야의 제자 250명을 데리고 붓다에게 귀의하였다. 뛰어난 지혜로 붓다의 가르침을 체계화하고 붓다를 대신하여 설법을 하기도 하였던 그는 붓다의 열반보다 먼저 몸을 떠나게 된다.

अमला अविमला अनूना अपरिपूर्णाः

아말라 아비말라 아누나 아파리푸르나흐

    아말라=더럽지 않은
    아비말라=순수하지 않은
    아누나=부족하지 않은
    아파리푸르나흐=충분하지 않은

더러운 것도 깨끗한 것도 아니며, 부족하거나 넘치는 것도 아니다.
  不垢不淨　不增不減
  불 구 부 정　부 증 불 감

    이 절은 수많은 종교들의 어떤 경전에서 표현한 말보다 한쪽으로 치우치지 않은 입장을 표현하였다. 이 구절에서 모든 우주의 섭리가 분명한 법칙에 의해 진행된다는 것을 표현한 현장법사의 산스크리트어 한역(漢譯)은 간결하면서 탁월하다. 산스크리트어 '아말라'와 '아비말라'는 불구부정, 즉 텅 빈 순야타는 마치 연잎의 물방울처럼 더럽혀지지도 오염되지도 않지만, 더 나아가 깨끗하다는 이중적인 잣대로는 평가할 수 없는 것이다. '아무나'와 '아파리푸르나,' 즉 부증불감(不增不減)의 이치는 지구상에 존재하는 다양한 물의 형태를 가지고 표현할 수 있다. 물이 눈, 비, 개울, 강, 바다와 같은 모습으로 나타날 때는 우리 눈에 잘 보이지만, 열이 가해져 수증기로 증발할 때는 눈에 잘 보이지 않는다.

그렇게 수증기로 보이지 않던 물은 다시 구름이 되어 비로 내린다. 그러나 이와 같은 모든 과정 속에서도 물은 단지 형태만 바뀔 뿐, 줄어들거나 늘어나거나 하지 않는 것이다.

तस्माच्छारिपुत्र शून्यतायां

타스마차리푸트라 순야타얌

    타스마트=그러므로
    사리푸트라=사리푸트라, 사리불자
    순야타얌=빔, 공함

사리푸트라여, 그러므로 텅 비어 있음에는
是故
시 고

    《반야심경》의 핵심인 순야타, 즉 공의 철학은 절대를 말하며, 동시에 모든 상대를 포함하고 여읜다. 그것은 마치 꽃나무의 수액이 겉으로는 드러나 있지 않지만, 꽃, 줄기, 잎, 가지, 뿌리, 모든 곳에 스며들어 있는 것처럼, 모든 신성과 상대세계의 모든 존재 또한 그렇다고 말하는 것이다.

न रूपं न वेदना न संज्ञा न संस्कारा न विज्ञानं

나 루팜 나 베다나 나 삼그야 나 삼스카라 나 비그야남

    나=아니다
    루팜=물질, 형상(色)
    나=아니다
    베다나=느낌, 감각(受)
    나=아니다
    삼그야=인식, 지각(想)
    나=아니다
    삼스카라=인상, 심리현상(行)
    나=아니다
    비그야남=의식, 알음알이, 인식작용(識)

물질도 없고, 느낌도 없으며, 인식도 없고, 인상의 심리 현상들도 없고, 알음알이도 없다.
  空中無色 無受想行識
  공중무색 무수상행식

    순야타인 공은 형상도 없고, 물질도 없으며, 느낌이나, 인상이나, 의식하는 인식작용인 알음알이도 없다고 하였다. 붓다는 이러한 과정의 단계적인 경지에 대해 반복적으로 설명하면서도, 이미 완전히 넘어선 의식상태를 동시에 말하고 있다. 만일 이것을 이해하지 못한다면 오랫동

안 우리 귀에 맴돌았던 《반야심경》의 진가인 의식의 지도는 그려지지 않을 것이다.

《우파니샤드》(박지명 주해, 동문선)에서도 언급했듯이, 의식의 상태에는 잠자고, 꿈꾸고, 깨어 있는 상태와 그 세 가지와는 다른 제4의 의식상태, 즉 '투리야'의 의식상태가 있다.

《요가수트라》(박지명 주해, 동문선)에서는 일반적인 의식인 잠, 꿈, 깸의 상태와 함께 여러 단계의 삼매에 대하여 말하고 있다. 삼매는 크게 유상삼매와 무상삼매로 나누어 말할 수 있는데, 유상삼매(有相三昧)는 분별을 가지고 있는 삼매라고 하며, 무상삼매(無相三昧)는 분별을 넘어선 삼매라고 한다.

다시 말해, 유상삼매는 다섯 가지 기관의 분별이 남아 있는 사비타르카 삼매와 마음에 대한 분별이 남아 있는 사비차라 삼매를 말하는 것이며, 무상삼매는 행동기관에 대한 분별이 존재하지 않는 니르비타르카 삼매와, 마음에 대한 분별이 남아 있지 않는 니르비차라 삼매를 말하는 것이다. 여기에서 '니르'라는 말은 자유롭다, 넘어서 있다라는 뜻이며, 열반(涅槃)이라고 하는 '니르바나'는 넘어선 상태를 이르는 것이다. '니르비차라'는 조금의 인상이나 씨앗이 없다는 것으로, 니르비차라 삼매는 씨앗과 상(相)을 넘어선 마지막의 궁극적인 상태인 니르비자 다르마 메가 삼매, 즉 법운삼매(法雲三昧)를 말하는 것이다.

근대 인도의 수행자인 '라마 크리쉬나'와 '라마나 마하리쉬'는 잠자고, 꿈꾸고, 깨어 있는 세 가지 의식상태를 넘어 초월의식을 체험하는 사비칼

파 삼매, 잠잘 때나, 꿈꿀 때나, 깨어 있을 때나 항상 유지되는 니르비칼파 삼매, 대상의 가장 섬세한 면을 바라보는 케발라 니르비칼파 삼매, 그리고 대상과 한계 없이 하나가 되는 사하자 삼매에 대해 말하였다.

곽암선사의 십우도(十牛圖)에서도 이와 같은 이야기를 하고 있다. 첫번째는 소를 찾아 나서다가, 두번째는 소의 발자국을 본다. 세번째는 소의 꼬리를 보았고, 네번째는 소의 꼬리를 잡는다. 다섯번째는 소를 길들이며 끌고 가다가, 여섯번째는 소를 타고 집으로 온다. 일곱번째는 집에 돌아온 후에 소를 찾은 것을 잊어버리고, 여덟번째는 소도 사람도 잊어버린다. 아홉번째는 자연과 우주를 그대로 바라보고, 열번째는 속세로 나아가 중생제도를 위해 살아간다. 불교에서 말하는 삼매의 단계도 마찬가지이다. 삼계(三界)인 욕계, 색계, 무색계 중에 욕계인 일상의 상태를 넘어서면 색계인 유상삼매에 들게 된다. 유상삼매에는 초선정, 2선정, 3선정, 4선정이 있는데, 그러한 유상삼매를 지나면 무색계인 무상삼매에 들게 된다. 무상삼매에는 공무변처정(空無邊處定), 식무변처정(識無邊處定), 무소유처정(無所有處定), 비비상처정(非非想處定)이 있으며, 마지막으로 삼계를 넘어선 멸진정(滅盡定)이 있다.

이러한 깨달음의 경지에 대한 의식의 수준의 지도는 고대로부터 이미 존재하였다.

न चक्षुः श्रोत्रघ्राणजिह्वाकायमनांसि

나 착슈흐 스로트라그라나지흐바카야마남시

>   나=아니다
>   착슈흐=눈
>   스로트라=귀
>   그라나=코
>   지흐바=혀
>   카야=몸
>   마남시=마음

눈, 귀, 코, 혀, 몸, 마음도 없고,
無眼耳鼻舌身意
무 안 이 비 설 신 의

    인도의 삼크야 철학에서는 다섯 가지 감각과 다섯 가지 감각의 기관, 그리고 그것을 느끼는 과정과 느끼는 주체인 마음의 작용도 존재하지 않는다고 말한다.

न रूपशब्दगन्धरसस्प्रष्टव्यधर्माः।

나 루파샤브다간다라사스프라쉬타브야다르마흐|

> 나=아니다
> 루파=형상
> 샤브다=소리
> 간다=냄새
> 라사=맛
> 스프라쉬타브야=촉감
> 다르마흐=정의, 법, 대상

형상, 소리, 냄새, 맛, 감촉, 어떤 대상도 없으며,
無色聲香味觸法
무 색 성 향 미 촉 법

상대적인 세계에서 형상인 '루파'는 시각과 눈에 연결되고, 소리 '샤브다'는 청각과 귀에 연결되며, 냄새 '간다'는 후각과 코에 연결된다. 맛 '라사'는 미각과 혀에 연결되며, 촉각 '스프라쉬타브야'는 피부에 연결된다. 법인 '다르마'는 모든 대상을 말한다.

न चक्षुर्धातुर्यावन्न मनोविज्ञानधातुः।

나 착슈르다투르야반나 마노비그야나다투흐|

    나=아니다
    착슈흐=눈
    다투흐=지역, 세계
    야 반=~까지
    나=아니다
    마나흐 비그야나=마음의 의식
    다투흐=지역, 세계

보이는 시각의 영역도 없고, 마음의 의식계도 없다.
無眼界 乃至 無意識界
무안계 내지 무의식계

    고대로부터 인간의 눈에 보여지는 이 세계는 존재하는 것이 아니며, 보이지 않는 무의식의 세계마저도 존재하는 것이 아니라고 하였다. 붓다는 여기에서 모든 세계가 거대한 우주의 한계 없는 블랙홀에 빨려들듯이 이미 존재하지 않는다고 말하고 있다. 거대한 부정(否定)의 세계를 말하는 것이다.

न विद्या न अविद्या न विद्याक्षयो न अविद्याक्षयो यावन्

나 비드야 나 아비드야 나 비드야크샤요 나 아비드야크샤요 야반

    나=아니다
    비드야=지식, 지혜
    나=아니다
    아비드야=무지, 무명
    나=아니다
    비드야 크샤흐=지혜의 소멸
    나=아니다
    아비드야 크샤흐=무지의 소멸
    야 반=~까지

지혜도 없고, 무지도 없고, 지혜의 소멸도 없으며, 무지의 소멸까지도 없으며,
  無無明　亦無無明盡　乃至
  무무명　역무무명진　내지

    지혜도, 무지도, 지혜의 소멸도, 무지의 소멸도 없다는 것은 궁극적인 순야타인 공(空)을 말하는 것이다. 즉 완전한 부정을 말하는 것이다.

न जरामरणं न जरामरणक्षयो

나 자라마라남 나 자라마라낙샤요

> 나=아니다
> 자라마라남=늙고 죽음
> 나=아니다
> 자라마라나 크샤흐=늙음과 죽음의 소멸

늙음과 죽음도 없고, 늙음과 죽음의 소멸도 없다.
無老死 亦無老死盡
무노사 역무노사진

    늙음도, 죽음도, 늙음과 죽음의 소멸도 없다고 하는 것은 상대적인 변화의 모든 과정에 대한 근원을 말하는 것이다. 즉 절대는 모든 변화와 상대적인 영역의 근원인 것이다. 이것은 수소와 산소가 결합하여 물이 되고, 물이 얼음이 되고, 얼음이 녹아 다시 수증기가 되더라도, 수소와 산소로 결합된 분자는 불변하는 것과 같다.

न दुःखसमुदयनिरोधमार्गा न ज्ञानं

나 두흐카사무다야니로다마르가 나 그야남

    나=아니다
    두흐카=고통
    사무다야=고통의 원인, 끝
    니로다=소멸, 통제
    마르가=수행방법, 길
    나=아니다
    그야남=지혜

고통도 없고, 고통의 원인도 없으며, 고통의 소멸도 없으며, 그것으로 가는 방법도 없으며, 그러한 지혜도 없으며,
無苦集滅道
무 고 집 멸 도

    붓다는 모든 것을 부정하는 지혜의 방법으로 돌에서 보석을 골라내게 하고, 보석을 연마하듯이 지혜를 훈련시킨다. 마치 바닷물이 태양빛을 받아 소금으로 정제되는 것처럼, 붓다는 뛰어난 가르침을 통하여 지혜를 드러나게 하여 준다. 이것은 부정을 통하여 새로운 긍정의 방향으로 전환시키는 탁월한 방법론일 뿐만 아니라, 이미 정상에 도달된 이가 정상의 상황과 정상에 도달하는 과정 둘 다를 포함시키는 위대한 가르침을 주는 것이다.

न प्राप्तिर्नाभिसमयस्तस्मादप्राप्तित्वात्।

나 프라프티르나비사마야스타스마다프라프티트바트|

    나=아니다
    프라프티흐=인식, 증득
    나=아니다
    비사마야흐=목격, 바라봄
    타스마드=그러므로
    프라프티 트바트=인식 그 자체

인식도 없고, 지켜보는 것도 없다. 그러므로 인식 그 자체도 없는 것이다.
    無智亦無得 以無所得故
    무지역무득 이무소득고

    중국의 법성스님은 이 절을 인도 산스크리트 구절이나 중국 현장스님의 해석과 달리, 무지 무득 역무부득 시고(無智 無得 亦無不得 是故)라고 하였다. 붓다는 완전하게 연소(燃燒)시키기 위해 가장 완벽한 부정(否定)을 통하여 계속해서 전진해 들어간다. 가능하면 조금의 찌꺼기도 남기지 않고 완전부정의 골짜기의 끝으로 몰고 들어가는 것이다. 《우파니샤드》에서는 수행자들과 베단타의 수행자들은 끊임없이 '아니다 아니다' 라는 '네티 네티'를 하면서 부정의 끝까지 파고 들어간다.

बोधिसत्त्वस्य प्रज्ञापारमितामाश्रित्य विहरतो अचित्तावरणः।

보디사뜨바스야 프라그야파라미타마스리트야 비하라토 아치따바라나흐|

    보디=지혜의
    사뜨바스야=존재의, 선한
    프라그야=지혜
    파라미탐=초월적인
    아스리트야=거하다
    비하=~안에
    라티=거하다
    아치따=목적의식이 없는
    아바라나흐=장애가 없는

보디사뜨바는 프라그야 파라미티에 의지하여 마음에 목적의식과 장애가 없이 머무나니,
  菩提薩埵 依般若波羅蜜多故 心無罣碍
  보 리 살 타 의 반 야 바 라 밀 다 심 무 가 애

    보살의 산스크리트어는 '보디사뜨바'이다. 보디는 지혜와 이지를 말하며, 사뜨바는 가장 선하고 밝은 것을 말한다. 즉 보디사뜨바는 지혜로우며, 가장 밝고 선하다는 뜻이다. 이것을 한역으로는 보리살타(菩提薩陀)라고 하며, 줄여서 보살(菩薩)이라고 한다. 보살 중에는 가장 위대한 네 보살이 있는데, 지혜를 주는 문수보살(文殊菩薩), 자비와 사랑으

로 중생을 구제하는 관세음보살(觀世音菩薩), 올바른 행위를 실현하는 보현보살(普賢菩薩), 지옥의 죽은 영혼들을 모두 이끌 때까지 성불하지 않겠다는 원력의 지장보살(地藏菩薩)이 그들이다. 네 보살의 산스크리트어는 각각 '만주스리' '사만타바드라' '아발로키테스바라' '크시티가르바'이다.

  그 외에도 인간으로 화현하여 가르침을 편 인도의 '나가르주나'인 용수(龍樹)와 '아스바고사'인 마명(馬鳴), '데바'인 제바(提婆), '아상가'인 무착(無着), '바수반두'인 세친(世親)이 보살의 칭호를 받았으며, 중국의 축법호(竺法護)가 돈황(敦煌)보살로, 도안(道安)이 인수(印手)보살로 칭호를 받았다. 한국에서는 원효(元曉)스님이 보살의 칭호를 받았다.

  "반야 바라밀다"는 "프라그야 파라미타"이다. 여기서 프라그야는 '지혜'이며, 파라미타는 '초월적' '넘어선다'라는 뜻이다. 즉 반야 바라밀다는 넘어서는 지혜, 초월적인 지혜를 말하는 것이다. 그것은 마치 우주선이 대기권을 뚫고 우주공간으로 넘어가는 것처럼, 세상의 모든 상대적인 거칠고 미세한 단계를 넘어서게 하는 지혜인 것이다. 그렇게 넘어서서 한계된 대상을 초월하면 거기에서부터 모든 장애가 없어진다.

चित्तावरणनास्तित्वादत्रस्तो

치따바라나나스티트바다트라스토

> 치따=마음, 의식
> 아바라나흐=장애가 없는
> 나=아니다
> 스티트바트=존재
> 아트라스토=두려움

마음에 장애가 없기 때문에 두려움이 없고,
無罣碍故 無有恐怖
무 가 애 고 무 유 공 포

두려움이나 방해는 의식의 한계나 생각의 한계 때문에 일어난다. '아트라스토'는 이미 예측된 결과, 미리 올 괴로움, 한계된 생각 등으로 인한 괴로움이다. 붓다가 태어나서 가장 강한 고통의 상태를 느낀 것은 인간이 태어나고, 늙고, 병들고, 죽는 한계된 삶을 겪는 것에 대한 괴로움을 알았을 때일 것이다. 지구에서 인간이라는 존재가 과학적으로 탄생되기까지는 실로 수십억 년의 많은 시간이 걸렸다. 수소와 산소가 만나 물이 생기고, 열과 기후의 조화로움 속에 광물이 만들어져, 광물에서 생물로, 생물에서 동물로 진화되기까지, 그리고 약 4만 년 전 호모 사피엔스 사피엔스(Homo sapiens sapiens)로부터 인류가 형성되고, 그 의식이 발전됨에 따라 문화와 철학이 성립되어 존재를 자각하게 되기까지는

실로 엄청난 과정을 겪어 온 것이다. 이러한 인간이 철학적인 사고를 가졌을 때 이룰 수 있는 가장 위대한 과정은, 바로 죽음과 한계된 두려움을 넘어서는 것이다. 죽음과 한계된 두려움을 넘어서는 것, 그것은 다름 아닌 붓다와 성현들의 지혜를 성취하는 것이다.

विपर्यासातिक्रान्तो निष्ठनिर्वाणः ॥

비파르야사티크란토 니쉬타니르바나흐 ॥

> 비파르야사=전도된, ~을 뒤바꾸다, 역으로 하다
> 아티크란토=~너머에, 분리된, 끊어진
> 니쉬타=도달하다, 집중된
> 니르바나흐=니르바나, 열반

뒤바뀐 마음을 너머 궁극의 니르바나를 증득한다
遠離顚倒夢想　究竟涅槃
원 리 전 도 몽 상　구 경 열 반

'비파르야사'는 뒤바뀌고 전도된 상태를 말하는 것이다. 상대세계의 모든 것은 결과로 나타나며, 비파르야사는 뒤바뀐 사물의 본질을 말하는 것이다. 붓다의 근본 가르침을 깨닫고, 궁극의 열반 상태인 니르바나에 도달하기 위해서는 많은 방법들이 있다.

그런 방법론들 중에는 붓다를 생각하는 염불명상으로 만트라를 행하는 것과 모든 행위와 생각을 자각하는 근본불교의 위빠사나, 그리고 강한 존재의 의문을 가지고 니르바나에 들어가려는 화두선 등이 있다. 이것은 붓다의 가르침 이후 시간과 공간에 따라 다른 각도에서 가르쳐졌다.

ॎयध्वव्यवस्थिताः सर्वबुद्धाः

트르야드바브야바스티타흐 사르바부따흐

> 트리=세 개의
> 야드바=세계의
> 브야바=과정, 체계
> 스티타흐=경험한 것들
> 사르바=전체, 모든 것
> 부따흐=부처님, 붓다들, 지혜들,

삼계에 머물고 계신 모든 깨달은 붓다들께서는
三世諸佛
삼 세 제 불

'트리'란 3을 말하며, '야드바'는 세계를 말한다. 트리 야드바, 즉 삼계(三界)를 말하는 것인데, 그것은 과거, 현재, 미래의 세계뿐만 아니라, 물질, 정신, 영혼 등의 모든 세계를 통합하여 일컫는 것이다. 붓다는 그 세 개의 세계마다 각각 다양한 화신(化身)으로 나타난다.

삼계는 욕계(欲界), 색계(色界), 무색계(無色界)로 나누어 표현하는데, 욕계 11천(天), 색계 18천(天), 무색계 4천(天)을 합쳐 33천(天)의 세계를 말하는 것이다.

욕계의 11천(天)은 산스크리트어로 '카마 로카'이며, 가장 낮은 수준의 세계이다. 그곳은 오감의 욕망으로 가득 찬 세계이며, 지옥(地獄-니

라야)과 함께 아귀(餓鬼-티라차나 요니), 축생(畜生-페티 비사야), 아수라(阿修羅-아수라 니카야), 인간(人間-마누사) 등의 다섯 가지와 사천왕천(四天王天-차투마하라지카), 도리천(忉利天-트라이야스트림사), 야마천(夜摩天-야마), 도솔천(兜率天-투시타), 화락천(化樂天-님마나라티), 타화자재천(他化自在天-파라니미타바사파티)의 6욕천(六欲天)이 여기에 속한다.

색계의 18천(天)은 산스크리트어로 '루파 로카'라고 한다. 색계는 욕계 위에 있으며, 색계사선(色界四禪)이라 하여, 초선(初禪), 이선(二禪), 삼선(三禪), 사선(四禪)이 행해지는 세계이며, 물질적이지만 감각의 욕망을 떠난 세계이다. 색계의 18천은 초선천(初禪天)의 삼천(三天)인 범중천(梵衆天), 범보천(梵輔天), 대범천(大梵天), 그리고 이선천(二禪天)의 삼천(三天)인 소광천(少光天), 무량광천(無量光天), 광음천(光音天), 그리고 삼선천(三禪天)의 삼천(三天)인 소정천(少淨天), 무량정천(無量淨天), 편정천(徧淨天), 그리고 사선천(四禪天)의 구천(九天)인 복생천(福生天), 복애천(福愛天), 광과천(廣果天), 무상천(無想天), 무번천(無煩天), 무열천(無熱天), 선견천(善見天), 선현천(善現天), 색구경천(色究竟天)으로 나뉜다.

무색계는 4천(天)이 있으며 산스크리트어로 '아루파 로카'라고 한다. 무색계는 물질적인 것이 없어진 순수한 정신만의 세계인데, 무념무상의 삼매(三昧)로서 사무색정(四無色定)의 단계가 있다. 그 첫번째가 허공이 끝없이 펼쳐져 있음을 낱낱이 아는 선정인 공무변처정(空無邊處定-아

카사난차야타나 사마디)이며, 두번째는 끝없는 허공을 아는 의식이 허공 가득 펼쳐져 있음을 아는 선정인 식무변처정(識無邊處定-비나얀차야타나 사마디)이다. 세번째는 더 이상 인식할 것이 남김없이 사라져 진정한 무로 돌아간 것인 무소유처정(無所有處定-아킨찬야타 사마디)이며, 네번째는 이미 일체가 소멸되어 버린 상태이지만 미세망념의 작용이 남아 있음을 말하는 비상비비상처정(非想非非想處定-니르바산난아산나야타나 사마디)이다.

  그리고 그 삼계를 넘어서면 도달하는 것이 니르바나, 즉 열반의 상태인 멸진정(滅盡定-니로다 사마파티) 또는 상수멸정(想受滅定-산나베다이타)이라고 한다.

प्रज्ञापारमितामाश्रित्य

프라그야파라미타마스리트야

>프라그야=지혜
>파라미탐=초월적인
>아스리트야=의지하다, 거하다

**초월적인 지혜 프라그야 파라미타에 의지하여
依般若波羅蜜多故
의 반 야 바 라 밀 다 고**

    더 높은 것이 없는 초월적인 지혜 반야바라밀다에 대하여 말하려는 것이다.

अनुत्तरां सम्यक्संबोधिमभिसंबुद्धाः ॥

아누따람 삼약삼보디마비삼부따흐 ॥

  아누따람=능가할 수 없는
  삼=회귀
  야크=집중
  삼=회귀
  보딤=지혜
  아비=모두
  삼=회귀
  부따흐=깨달음, 붓다

집중과 지혜와 모든 깨달음으로 돌아가고 회귀한다.
得阿耨多羅三藐三菩提
득아뇩다라삼먁삼보리

 '아누따람'이란 그 이상 능가할 수 없는 것이며, '삼'이란 회귀하고 돌아간다는 뜻이다. 아뇩다라삼먁삼보리, 즉 아누따라삼약삼부따는 "가장 높은 집중과 지혜로 회귀한다"는 뜻이다.

तस्माज्ज्ञातव्यम् ।

타스마즈그야타브얌ㅣ

    타스마드=그러므로
    그야타브얌=알아야 한다

그러므로 알아야 한다.
故知
고 지

그러므로 이것은 반드시 알아야 한다고 강조하는 것이다.

प्रज्ञापारमिता महामन्त्रो महाविद्यामन्त्रो

프라그야파리마타 마하만트로 마하비드야만트로

    프라그야=지혜
    파라미타=완전한
    마하=위대한
    만트라=진언
    마하=위대한
    비드야=지혜, 지식
    만트라=진언

프라그야 파라미타는 가장 위대한 만트라이며, 가장 위대한 지혜의 만트라이며,
  般若波羅蜜多 是大神呪 是大明呪
  반야바라밀다 시대신주 시대명주

    이 절은 '프라그야 파라미타,' 즉 완전하고 초월적인 지혜, 반야바라밀다는 가장 성스럽고 위대한 진언인 '마하 만트라'이며, 가장 위대한 지혜의 진언인 '마하 비드야 만트라'라는 것을 전하고 있다. 붓다의 위대함은 바로 이 위대한 지혜의 비전(秘傳)된 방법들을 모든 대중에게 가르쳐 주려고 시도하였던 것이다.

अनुत्तरमन्त्रो असमसममन्त्रः

아누따라만트로 아사마사마만트라흐

    아누따라=능가할 수 없는
    만트라=진언
    아사마=같지 않은
    사마=같은, 평등한
    만트라흐=진언

위 없는 만트라이며, 그것과 동등한 것이 없는 만트라이며,
是無上呪 是無等等呪
시무상주 시무등등주

    '아누따라'는 '무엇도 능가할 수 없는 최고'라는 뜻이며, '아사마사마'에서 '사마'는 '같은,' '아사마'는 '같지 않은'으로, 아사마사마는 그것과 같은 것, 비교할 만한 것이 없다는 것이다. 즉 반야바라밀다는 그 무엇도 능가할 수 없고 어떤 것과도 비교될 수 없는 진언이라고 말하고 있다.

सर्वदुःखप्रशमनः सत्यममिथ्यत्वात्।

사르바두흐카프라사마나흐 사트야마미트야트바트|

> 사르바=전체, 모든
> 두흐카=고통
> 프라사마나흐=완전히 끝나다
> 사트얌=진리
> 아미트야트바트=헛됨이 없다

모든 괴로움을 평정하며, 거짓됨이 없기에 진실하다.
能除一切苦 眞實不虛
능제일체고 진실불허

'사르바 두흐카 프라사마나'는 모든 괴로움과 고통이 완전히 끝난 상태를 말한다. 그리고 '사트얌 아미트야트바트,' 즉 진리는 거짓이나 헛됨이 없기 때문에 진실하다는 것이다.

प्रज्ञापारमितायामुक्तो मन्त्रः । तद्यथा

프라그야파라미타야묵토 만트라흐ㅣ 타드야타

    프라그야=지혜

    파라미타=넘어선, 완전한

    묵타=위대한

    만트라흐=진언

    타트=그것

    야트=이것

프라그야 파라미타에서 이러한 진언이 설해졌나니, 그것은 다음과 같다.

  故說 般若波羅蜜多呪 卽說呪曰
  고설 반야바라밀다주 즉설주왈

넘어선 초월적인 지혜인 '파라미타프라그야,' 즉 반야바라밀다의 위대한 만트라에 대해 말하겠다고 선포하는 절이다. 붓다는 이 위대한 만트라를 알려 주기 위해 여러 과정들을 설명하였다. 다음 절에 전하는 《반야심경》, 즉 프라그야 파라미타 흐리다야 수트라의 길지 않은 수행 방식 속에는 지금까지 붓다가 표현한 철학과 의식수준이 압축적으로 표현되어 있다.

गते गते पारगते पारसंगते बोधि स्वाहा ॥

가테 가테 파라가테 파라삼가테 보디 스바하 ∥

    가테=너머, 간다
    가테=너머, 간다
    파라=완전히, 초월적인
    가테=너머, 간다
    파라삼=완전하게, 초월적인
    가테=너머, 간다
    보디=깨달음, 지혜
    스바하=귀의하다, ~이 있다, 존재하다

가자! 가자! 저 너머 가자! 완전히 저 너머로 가자! 깨달음을 위하여 귀의한다!
  揭帝揭帝 波羅揭帝 波羅僧揭帝 菩提娑婆訶
  아 제 아 제 바 라 아 제 바 라 승 아 제 모 지 사 바 하

    이 절은 《반야심경》의 만트라 또는 진언이다. 산스크리트 원어로는 "가테 가테 파라가테 파라삼 가테 보디 스바하"이며, 뜻이 있는 만트라이다. 원래 뜻이 있는 만트라는 수트라(의미가 있는 말씀, 경전)와 같으나, 이 구절의 만트라는 순수한 만트라로서 알려져 있다. 다만 《반야심경》의 이전 절에서 말한 다양한 의미와 철학적인 진리를 전하고, 마지막으로 핵심적인 가르침과 수행할 수 있는 방편을 주는 것이다.

इति प्रज्ञापारमिताहृदयं समाप्तम्॥

이티 프라그야파라미타흐리다얌 사마프탐 ‖

>   이티=그러므로
>   프라그야=지혜
>   파라미타=완전한
>   흐리다얌=가슴
>   사마프탐=같은, 완성되다.

이로써 반야바라밀다심경의 핵심이 완성되었다.

>   이 절은 경전의 완성되었음을 선포하는 구절이다.

महा प्रज्ञा पारमिता हृदय सूत्र

실담어

《반야심경》의 실담어(悉曇語) 표기에 관해

  실담어는 범어(梵語) 또는 산스크리트어로 된 불교의 경전들을 표기하기 위한 산스크리트어의 변형된 문자이다. 원래 산스크리트어는 고대 《베다》와 《우파니샤드》 경전을 쓴 베다 산스크리트어와 기원전 4세기경 파니니가 쓴 '아스타드야이'라고 하여 '여덟 장으로 만든 문법서'를 기초로 한 고전 산스크리트어가 정형화된 것이다.

  산스크리트 경전들은 선험적인 절대적 지식을 기록한 수르티 경전이라고 하여 인도의 다른 많은 경전 외에도 불교의 경전들에 지대한 영향을 주었다. 또한 대중적으로 속어화되기도 하였는데 프라크리티어와 팔리어가 그것이다. 그 중 팔리어는 초기 불교의 경전들을 기록하는 데에 많이 사용되었다.

  굽타 문자라고도 알려진 실담어 경전들은 문자가 6~7세기경 불교의 동아시아에 보급되면서 중국과 한국과 일본에도 전해졌다. 실담어는 인도에서 불교가 번성하였던 아쇼카왕 시대에 브라흐미 문자 또는 싯담 문자라고 일컬었는데, 이것은 산스크리트어로 '완성된 언어'라는 의미이다.

  실담어의 알파벳 숫자는 42자, 47자, 50자, 51자 등으로 일정하지 않으나, 당나라 지광(智廣)스님의 저서인 《실담자기(悉曇字記)》 1권을 통하자면 모음 12자, 자음 35자, 합계 47자로 정리되어 있다. 이것은 지광스님이 남인도 반야보디 삼장이 엮은 것을 정리한 것이라고 한다.

  이 책의 《반야심경》의 실담어는 필자가 직접 필사(筆寫)하여 쓴 글이다. 산스크리트어의 원전 《반야심경》과 함께 실담어로 전해진 불교의 《반야심경》을 함께 비교하여 고전의 변천 과정과 그 향기를 음미하시길 바란다.

마하 프라그야 파라미타 흐리다야 수트라

나마흐 사르바 그야야 ||

아르야발로키테스바라 보디 사뜨보

감비람 프라그야 파라미타 차르얌

차라마노 브야발로카야티 스마 ||

판차 스칸다흐 탐스차 스바 바바 순얀 파샤티 스마 ‖

이하 사리푸트라 루팜 순야타 순야타이바 루팜

루판나 프리탁 순야타 순야타야 나 프리타그 루팜

야드루팜 사 순야타 야 순야타 타드루팜 ‖

에바메바 베다나 삼그야 삼스카라 비그야남 ‖

이하 사리푸트라 사르바 다르마흐

순야탈락샤나   아누트판나   아니루따

아말라   아비말라   아누나   아파리푸르나흐 ∥

타스마차리푸트라   순야타얌   나 루팜   나 베다나

나 삼그야   나 삼스카라   나 비그야남 ∥

나 착슈흐   스로트라 그라나 지흐바 카야 마남시 ∥

나 루파   사브다 간다   라사 스프라쉬타브야 다르마흐 ∥

나 착슈르 다투흐야 반나　마노　비그야나　다투흐 ∥

나 비드야　나 아 비드야 나　비드야샤요　나 아 비드약샤요

야반 나　자라마라남　나　자라마라　낙샤요

나　두흐카　사무다야　니로다　마르가　나　그야남

나　프라프티라　프라프티트바트 ∥　보디　사뜨바스야

프라그야　파라미타마스트리야　　비하라토아치따바라나흐 ∥

치따바라나나스티트바다트라스토

비파르야사티크란토　　　니쉬타니르바나흐 ǁ

트르야드바브야바 스티타흐　　사르바 부따흐

프라그야　　파라미타마스트리야

아누따람　　삼약삼보디마비　　삼부따흐 ǁ

타스마즈그야타브얌 ǁ

프라그야   파라미타   마하 만트로   마하 비드야   만트로

아누따라   만트로   아사마사마   만트라흐

사르바두흐카프라사마나흐   사트야마미트야트바트 ‖

프라그야   파라미타야묵토   만트라흐 ‖   타드야타

가테   가테   파라가테   파라삼가테   보디 스바하 ‖

이티   프라그야   파라미타   흐리다얌   사마프탐 ‖

부 록

불교의 경전과 이론

불교는 크게 근본불교(소승불교)인 '히나야나'와 대승불교인 '마하야나,' 밀교인 '불교탄트라'로 나뉘는데, 히나야나의 경전은 팔리어로, 마하야나의 경전은 산스크리트어와 한문으로, 불교탄트라는 티베트어(서장어)로 쓰여졌다.

소승경전에는 대표적으로 팔리어 경전삼장(三藏)이 있으며, 이것을 '티피타카'라고 한다. 팔리어 경전은 붓다가 입멸하고 나서 오랜 후에 기록된 것인데, 가까운 제자들에 의해 전승된 것으로써 일반적으로 붓다의 가장 가까운 가르침으로 간주된다. 그 중 경장(經藏)과 율장(律藏)은 붓다가 직접 설한 것이며, 논장(論藏)은 붓다가 열반한 다음에 저술된 것이다. 붓다가 열반한 후, 불교는 승단의 규율을 확립하기 위하여 불교회의를 개최하였는데, 첫번째 불교회의 때 상좌부(上座部)인 스타비라바딘과 대중부(大衆部)인 마하삼가로 승단이 나뉘었다가, 그 후 많은 결집과 회의를 통해 더욱 체계화되었다. 삼장이란 부처님의 말씀을 세 가지로 분류한 것으로 《팔만대장경》이라 할 수 있다. 그 첫번째 경장, 즉 '수타피타카'는 붓다의 법어, 가르침, 대화 등을 모아 놓은 것이다. 두번째 율장, '비나야피타카'는 승단의 규범 및 행동규칙을 다룬 것이다. 세번째 논장, '아비다마피타카'는 경과 율을 중심으로 하는 성전이나 규범을 집대성한 다음, 이들의 이해를 깊게 하기 위하여 교설과 어의(語義) 등에 주석이나 해설을 달아 자신들의 파의 교리학설을 체계화한 것이다.

소승문헌 중 비경전부에는 '밀린다왕문경(彌蘭陀王問經)'인 '밀린다팡하,' '청정도론(淸淨道論)'인 '비슈디마가,' '도사(島史)'인 '디파밤사,' '대사(大

史)'인 '마하밤사'가 있으며, 그 외에도 삼장에 대한 무수한 주석 문헌 등이 있다. 유명한 논사로는 '요가차라'인 유식(唯識)불교를 정립한 무착(無着-아상가), 무착의 유식학을 정립한 세친(世親-바수반두), '마하야나스라도트파다'인 대승기신론(大乘起信論)을 정립한 마명(馬鳴-아슈바고샤), 중론(中論-마드야마카 사스트라)을 정립한 용수(龍樹-나가르주나) 등이 있다.

 대승경전은 더욱더 방대하고 풍부한 양을 가지고 있다. 불교가 인도를 넘어 발전하고 보급되는 가운데 산스크리트 경전들은 티베트어와 중국어로 번역되었다. 그러한 과정중에 애석하게도 많은 산스크리트어의 원전들이 산실되었는데, 현대불교의 중요한 부분들에 대해서는 티베트어 불전과 한역 불전을 다시 산스크리트어로 복원시키는 작업을 하고 있다.

 불교는 중국을 건너오면서 선(禪)불교의 기반을 다지게 되었는데, 선불교는 중국, 한국, 일본에서 그 문화가 꽃을 피우게 되었다. 중국은 초조(初祖) 달마(達摩)조사로부터 육조 혜능(慧能)과 그 아래로 5대 문파가 나뉘어졌으며, 그 중 선문화를 꽃피울 수 있었던 임제(臨濟)의 가장 강력하고 직접적인 활구선(活口禪)의 법맥이 동양 삼국으로 내려오게 되었다.

 공안(公案), 화두(話頭)를 모은 선어록에는 《무문관(無門關)》《벽암록(碧巖錄)》《전등록(傳燈錄)》 등이 있다.

 불교의 네 가지 진리(사성제; 四聖諦)는 이러하다.

 첫째는 고통이 존재한다는 고(苦)이다. 이것은 산스크리트어로 '두흐카'이

며, 붓다는 이 진리를 자각하였다. 고통은 생(生), 노(老), 병(病), 사(死)의 첫 번째 명제이다.

둘째는 고통의 원인을 인식한다는 집(集)이다. 이것은 산스크리트어로 '사무다야'이다. 붓다는 깊은 사색의 결과로 고통의 원인을 파악하였다. 그것은 부서지지 않는 이론이며, 원인과 결과의 연결고리인 연기(緣起), 산스크리트어로 '프라티트야삼무트파다'이다. '프라티트야'는 '연하여 일어난다'는 것이며, '삼'은 '결합하다,' '우트파다'는 '말미암아 일어난다'이다. 이 연기법은 붓다의 위대하고 탁월한 가르침 중의 하나이다.

12인연법(因緣法)은 다음과 같다.

1. 무지(아비드야)-무명(無明)
2. 과거의 인상(삼스카라)-행(行)
3. 첫번째 의식작용(비그야나)-식(識)
4. 몸과 마음의 조직(나마루파)-명색(名色)
5. 마음을 포함한 5감각(사드야타나)-육입(六入)
6. 대상을 접촉하는 감관(스파르사)-촉(觸)
7. 과거의 감각적인 경험(베다나)-수(受)
8. 감각대상에 대한 갈애(트르스나)-애(愛)
9. 집착(우파다나)-취(取)
10. 태어나고자 하는 의지(바바)-유(有)

11. 출생(자티)-생(生)
12. 늙고 병들어 죽음(자라마라나)-노사(老死)

셋째는 없애고 소멸시키는 멸(滅)이다. 이것은 산스크리트어로 '니로다' 이다. 니로다는 생각과 번뇌를 사라지게 한다는 것이며, 집중한다는 뜻도 있다.

넷째는 고통을 없애는 수단인 도(道)이다. 이것은 산스크리트어로 '마르가' 이다. 여기에는 여덟 가지의 길(팔정도; 八正道), 즉 '아쉬탕가마르가' 가 있다. 그것은 다음과 같다.

1. 올바른 견해(正見, 삼약드르스티)
2. 올바른 결정(正思惟, 삼약삼칼파)
3. 올바른 말(正語, 삼약바크)
4. 올바른 행위(正業, 삼약카르만타)
5. 올바른 생활(正命, 삼약아지바)
6. 올바른 노력(正精進, 삼약브야야마)
7. 올바른 관찰(正念, 삼약스므리티)
8. 올바른 정정(正定, 삼약사마디)

《반야심경》은 어떤 경전인가

　　《반야심경》의 원래 이름은 마하 프라그야 파라미타 흐리다야 수트라이며, 우리말로 위대한 지혜의 초월적인 마음의 경전이라는 뜻이다.
　　《반야심경》은 산스크리트어로 180단어, 한자로는 260자로 이루어진 짧은 경전이지만, 그 간략한 언어 속에는 600부 반야경의 핵심적인 사상이 모두 추려져 있을 만큼 압축적이고 심오한 의미가 내포되어 있어, 각종 예불의식에 빠지지 않고 독송되는 불교의 가장 중요한 경전 중에 하나이다.
　　이 《반야심경》의 산스크리트 원본은 중국어, 일본어, 서장어, 영어, 몽고어 등 여러 나라의 언어로 번역되어 그 문화에 반영되었는데, 그 중에서 서기 8세기경에 번역된 일본의 《법륭사본(法隆寺本)》이 가장 오래된 것이다. 《반야심경》 한문역본으로는 후진(後秦)의 구마라습(鳩摩羅什)이 번역한 《마하반야바라밀대명주경(摩訶般若波羅蜜大明呪經)》과 당나라 현장(玄奘)의 《반야심경역본(般若心經譯本)》, 법월이 번역한 《보편지장반야바라밀다심경(普遍智藏般若波羅蜜多心經)》, 송나라 시호(施護)가 번역한 《불설성불모반야바라밀다경(佛說聖佛母般若波羅密多經)》 등이 있다. 그 중에서도 구마라습과 현장이 번역한 《반야심경》의 내용은 '오온(五蘊)'을 '오음(五陰)'으로, '사리자(舍利子)'를 '사리불(舍利弗)'로 번역하는 것 외에 크게 다르지 않다. 한역본 중에 가장 많이 알려져 있고, 가장 많이 독송된 것은 현장의 《반야심경역본》이다.
　　《보편지장반야바라밀다심경》은 광본 《반야심경》에 해당되는데, 이 경은 다른 역본과는 달리 "선정에 들어서 삼매의 힘으로 반야바라밀을 수행한다"고 하는 것이 독특하다.
　　주석서로는 당나라 규기(窺基)의 《반야바라밀다심경유찬(般若波羅密多心經

類纂)》과 법장(法藏)의 《반야바라밀다심경약소(般若波羅蜜多心經略疏)》가 있으며, 통일신라 원효(元曉)의 《반야심경소(般若心經所)》와 원측(圓測)의 《반야바라밀다심경찬(般若波羅密多心經贊)》 등이 있다.

《반야심경》의 산스크리트 원본은 두 종류가 있다. 하나는 다른 경전들처럼 "이와 같이 나는 들었다(如是我聞)"로 시작되는 서분(序分)과 "기뻐하며 받들어 행하였다(歡喜奉行)"로 끝나는 유통분(流通分)이 있는 광본(廣本)이고, 다른 하나는 서분(序分)과 유통분(流通分) 없이 본문인 정종분(正宗分)만 있는 약본(略本)이다.

광본이란 서분, 정종분, 유통분의 형식을 모두 갖춘 것을 말하며, 약본은 통상 쓰이는 《반야심경》처럼 서분과 유통분이 생략된 채 정종분만 갖춘 것을 말한다.

이 책의 《반야심경》은 약본으로, 붓다께서 제자인 사리푸트라에게 관자재보살을 예로 들어 반야사상을 설하는 형식으로 구성되어 있다. 광본은 붓다가 왕사성인 라자그리하의 영취산에서 삼매에 든 후, 그 삼매 속에서 관자재보살이 반야바라밀다를 수행하는 모습이 나타나고, 사리푸트라가 붓다의 힘을 빌려 관자재보살에게 보살이 행할 바를 묻는다는 형식이다. 이때 관자재보살은 붓다의 삼매 속에서 약본의 내용을 그대로 설하는 것으로 되어 있다.

《반야심경》의 내용은 네 부분의 지혜를 가르치는 것으로 나뉘어 있다.

첫번째는 반야바라밀의 지혜를 가르친 것이다. 붓다가 사리푸트라에게 "성스러운 관자재보살이 심오한 반야바라밀다의 지혜를 행하면서 깊이 살펴보

앉는데, 다섯 가지 그들 고유성질이 비어 있음을 보시었다"고 반야바라밀의 지혜를 설한 부분이다.

두번째는 반야바라밀을 각론적으로 표현한 것이다. 이것은 반야바라밀에 대해 보다 구체적으로 나타내는 부분이다. 먼저 다섯 가지의 성질인 오온(五蘊)과 12처(處), 18계(界), 12인연(因緣), 4성제(聖諦)가 다 비어 있다는 것과 오온(五蘊), 즉 물질적인 요소인 색(色), 정신적인 요소인 수(受), 상(想), 행(行), 식(識)이 비어 있다는 것, 그리고 오온(五蘊)을 색온(色蘊), 수온(受蘊), 상온(想蘊), 행온(行蘊), 식온(識蘊)으로서 인식하는 5단계의 과정에 대해 설명하였으며, 그 다음으로는 12처(十二處)의 육내입처(六內入處)인 6근(六根)을 안이비설신의(眼耳鼻舌身意)로 나누어 인식작용을 일으키는 감각기관을 기능별로 분류하고, 육외입처(六外入處)인 6경(六境)은 색성향미촉법(色聲香味觸法)으로서 인식을 일으키는 감각기관에 드러나는 대상들로 분류해 놓았다.

여기에서 18계(十八界)란 6근(六根), 6경(六境), 6식(六識)을 합한 것으로, 즉 눈, 귀, 코, 혀, 피부, 마음의 6종 감각기관인 육근과 그 대상인 물질(色), 소리(聲), 냄새(香), 맛(味), 촉감(觸), 현상(法)의 6경, 그리고 이러한 6근과 6경을 인연(因緣)으로 하여 생기는 여섯 가지 마음의 활동인 안식(眼識), 이식(耳識), 비식(鼻識), 설식(舌識), 신식(身識), 의식(意識) 등의 6식을 말하는 것이다. 12인연이란 무명(無明), 행(行), 식(識), 명색(名色), 육처(六處), 촉(觸), 수(受), 애(愛), 취(取), 유(有), 생(生), 노사(老死)이며, 4성제는 네 가지 성스러운 진리인 고(苦), 집(集), 멸(滅), 도(道)이다.

　세번째는 반야바라밀다의 지혜의 공덕에 대해 설명한 부분이다. 모든 보살은 반야바라밀다에 의지하여 구경의 열반을 얻으며, 삼세(三世)의 붓다인 부처님도 이 지혜에 의지하여 최고의 깨달음인 아뇩다라삼먁삼보리를 얻는다는 것이다.

　네번째는 반야바라밀다의 만트라 또는 진언을 선포한 것이다. "반야바라밀다는 위대한 진언이고, 크게 신령스러운 진언이며, 위 없는 만트라 또는 진언이고, 그것과 동등한 것이 없는 진언이며, 모든 괴로움을 평정하며, 거짓됨이 없기 때문에 진실하다"고 하였다. 그리하여 "가자! 가자! 저 너머 가자! 완전히 저 너머로 가자! 깨달음을 위하여 귀의한다! 이로써 반야바라밀다심경의 핵심이 완성되었다"라고 하였다.

붓다의 가르침의 단계적인 시기

붓다의 가르침의 단계적인 시기를 체계화한 중국의 천태대사(天台大師)는 붓다의 가르침을 오시교(五時敎)와 팔교(八敎)를 통하여 가르쳤다고 한다. 팔교는 화의사교(化儀四敎)와 화법사교(化法四敎)로 나누어지는데, 먼저 화의사교는 중생을 가르치는 형식에 따라 네 가지로 분류된다. 첫째는 직접 붓다가 깨달음을 가르치는 돈교(頓敎)이며, 둘째는 돈교가 난해하여 그 내용을 얕은 것에서부터 점차 깊은 것으로 가르치는 점교(漸敎), 셋째는 상호간에 비밀로 하여 각자에 적당한 가르침을 취하는 비밀교(秘密敎), 넷째는 가르침의 형식은 일정하지 않으나 듣는 사람의 능력에 따라 체득시키는 부정교(不定敎)이다. 화법사교는 첫째 그 내용이 소승의 가르침인 삼장교(三藏敎), 둘째 방등, 반야, 법화열반시와 통하며, 성문(聲聞)과 연각(緣覺), 보살의 삼승(三乘)과도 통하는 대승의 가르침인 통교(通敎), 셋째 성문과 연각에서 보살만을 위한 가르침과 3교와는 달리, 모든 것을 차별하는 측면에서 조망하는 별교(別敎), 넷째 붓다의 깨달음 그대로를 설한 가르침으로써 모든 차별을 넘어 깨달음도 미혹도 본질적으로는 구별이 없으며, 일체가 서로 융합하여 완전하다는 원교(圓敎) 등, 4교를 말한다.

그리고 붓다의 깨달음의 시간을 말한 오시교와 세 가지의 중생의 근기에 맞추어 가르친 삼종(三宗)은 보는 관점에 따르는 삼관(三觀)이 있다.

붓다는 깨달음을 이룬 다음 49년 동안 각처를 돌아다니며 가르침을 펼쳤으며, 그 가르침은 역사적으로 전해 내려와 오늘날 우리에게까지 이어지고 있다. 그 중 《팔만대장경》은 붓다가 49년간 가르친 내용을 집대성한 것이다. 그 내용을 시간의 흐름에 따라 5단계로 분류할 수 있는데, 그것을 바로 오시교라고 한다.

    그 첫번째는 화엄시(華嚴時)이며, 성도 후 최초의 21일 동안 《화엄경》을 가르친 시기를 말한다. 이 시기에 붓다는 가장 높은 차원으로 가르침을 전하였다.

    두번째는 아함시(阿含時)이며, 화엄시 다음의 20년간 《아함경》을 설한 시기를 말한다. 이 시기에는 객관적인 물질계에 대한 가변성과 욕망의 절제 등에 대해서 가르쳤다.

    세번째는 방등시(方等時)이며, 아함시 다음의 8년 동안 《유마경(維摩經)》(비말라키르티 니르데샤 수트라), 《금광명경(金光明經)》(바즈라세카라 수트라), 《능가경(楞伽經)》(라우하바타라 수트라), 《승만경(勝鬘經)》(스리말라데비 심하난다 수트라), 《무량수경(無量壽經)》(아미타바 브유하 수트라) 등 방등부의 경들을 가르친 시기를 말한다. 이 시기에는 주로 연기의 법칙과 주관에 대한 부정을 언급하였다.

    네번째는 반야시(般若時)이며, 방등시 다음의 21년 동안 반야부의 여러 경을 설한 시기를 말한다. 이 시기에는 주로 부정(否定)의 부정을 통하여 순야타인 공의 세계를 밝혔다.

    반야부 계통의 경전은 무려 600여 부에 해당되고 그 중에서 《반야심경》은 반야부의 핵심만을 간추린 경전에 속한다. 반야시는 가르침의 기간도 가장 길었으며, 반야부의 경전들을 통하여 깨달음의 진수를 드러내었던 시기였다.

    불교의 경전들 중에 가장 방대한 부분을 차지하고 있는 반야부 경전은 교리

적인 면에서도 가장 중심에 있다. 반야부 경전의 중심 내용인 공사상과 반야 사상은 대승불교의 바탕이 되는 매우 핵심적인 사상으로, 대승불교는 그 기반 하에 근본불교의 부족했던 점을 보완하여 활성화될 수 있었다.

다섯번째는 법화열반시(法華涅槃時)로, 마지막 8년 동안《법화경》과《열반경》을 가르친 시기를 말한다. 이 시기에는 부정(否定)의 부정을 거쳐서 대긍정(大肯定)의 세계를 가르쳤다.

이상의 다섯 가지 분류를 내용면으로 볼 때, 아함시의 경전은 근본불교의 소승경전에 속하고, 그 나머지들은 대승경전에 속한다. 또 아함, 방등, 반야, 법화열반의 네 가지는 하나의 화엄으로 종합할 수 있다.

다음은 불교 경전을 오시교와 연관지어 내용적인 면에서 다시 삼종(三宗)으로 분류해 볼 수 있다.

붓다가 처음에 가르침을 설하였을 때에는 자신이 깨달은 전체 내용을 화엄사상으로 드러내 보였다. 그러나 그 차원이 너무 높아 이해하는 이가 아무도 없었다고 한다. 그리하여 붓다는 그러한 깨달음을 사람들에게 어떻게 가르칠까 하고 궁리하였는데, 방법은 아주 낮은 단계로부터 시작하여 차츰 높은 단계에 이르게 하는 것이었다. 그것은 중생의 근기(根機)에 맞추어 세 가지 단계로 가르쳐졌다. 이후 불교의 모든 경전들은 이 세 가지 삼종의 범주 안에 들어가게 된 것이다.

　그 첫번째는 모든 현상계가 있다고 하는 입장에서 보는 상(相)과 유(有)의 차원이다. 이것은 가장 낮은 단계에 해당된다. 즉 존재하는 모든 현상계를 있는 그대로 보는 것이다. 거기에는 괴로움도 있고, 괴로움의 원인도 있고, 괴로움의 소멸도 있고, 괴로움을 소멸하는 방법도 있는데 이것이 바로 사성제(四聖諦)와 팔정도(八正道)를 말하는 것이다.
　《아함경》은 주로 유의 입장에서 설해진 경전에 속한다. 유의 차원은 일반적인 상식이 통하는 세계이며 많은 부분이 방편설(方便說)로 이루어져 있다.

　두번째는 모든 현상계가 없다고 하는 입장에서 보는 공과 무의 차원이다. 이것은 모든 현상계를 있는 그대로 받아들일 것이 아니라 텅 비어서 아무것도 없는 것으로 보는 입장이다.
　여기에서는 이 세상의 모든 존재는 있는 것이 아니라 텅 빈 것으로 보아야 한다는 공의 사상이 탄생되었으며, 모든 현상계는 텅 빈 상태로 존재하기 때문에 그 실상을 공한 것으로 보는 지혜가 필요하다.
　붓다는 21년간을 주로 공의 입장에서 가르쳤다. 반야부의 많은 경전들은 모두 여기에 속하며, 《반야심경》 또한 공이나 무의 입장에서 가르친 경전에 속한다.

　세번째는 모든 현상계에 존재하는 그 자체를 진리로 보는 차원이다. 이것은 보여지는 것 모두가 진리인 그대로이라는 입장으로서 가장 높은 차원의 가르침이다. 이 가르침을 '비유비무 역유역무(非有非無 亦有亦無)'라고 표현하는

데, 이것은 '있는 것도 아니고 없는 것도 아니며, 또한 있는 것이기도 하고 없는 것이기도 하다' 라는 이치를 말하는 것이다. 즉 모든 것은 오직 마음이 만들어 낸 것이므로 그대로 진리와 연결된다는 것이다. 붓다는 8년 동안을 이러한 진리의 입장에서 현상계를 가르쳤다. 이때 가르친 경전으로는 《화엄경(華嚴經)》(간다브유하 수트라), 《법화경(法華經)》(사따르마 수트라), 《능엄경(楞嚴經)》(란카바타라 수트라), 《열반경(涅槃經)》(니르바나 수트라) 등이 있다.

　모든 경전은 이렇게 삼종으로 분류할 수 있으며, 이 세 가지의 열쇠로 풀리지 않는 것은 없다고 한다. 비유를 들자면, 첫번째 상의 상태에서는 '산은 산이요, 물은 물이다' 가 되며, 두번째 공의 입장에서는 '산은 산이 아니요, 물은 물이 아니다' 가 되었다가, 마지막 성의 입장에서는 다시 '산은 다만 산이요, 물은 다만 물이다' 라고 보게 되는 것이다. 그리고 이러한 것을 보는 관점을 삼관(三觀)이라고 하는데, 첫째는 공관(空觀)이라 하여, 모든 현상이 비어 있다. 즉 공(空)하다는 것이다. 현상계를 공의 입장에서 관찰하고 바라보는 것으로, 삼라만상의 본질은 본래 공하며 인연에 따라 생긴 것이라는 견해이다.

　둘째는 가관(假觀)으로, 이것은 모든 현상계는 본래 비어 있고 공한 것인데 잘못된 모습에 속아서 보는 것을 말하는 것이다. 가관은 모든 현상을 가상의 입장으로 집착해 보는 것을 말한다.

　셋째는 중도관(中道觀)인데, 현상계를 있는 그대로 진리의 차원에서 보는 시야를 말한다. 중도관은 가장 이상적이고 차원 높은 입장으로, 삼종 중 성의 견해와 연결된다고 할 수 있다.

붓다의 십대 제자

사리푸트라: 사리불(舍利佛), 지혜제일(智慧第一)이라 불리우며 붓다의 제자 중의 으뜸으로, 인도 라자그리야(왕사성)의 북쪽 나라촌에서 태어났다. 목건련과 함께 수행자인 산자야 벨라따뿟따를 섬기다가 후에 붓다에게 귀의하였다.

그는 교단의 안살림을 맡았으며 수행과 정진과 교화에 힘썼기에, 붓다가 《화엄경》이나 《반야심경》 등 어려운 경전을 가르칠 때에는 언제나 사리푸트라를 중심으로 이야기하였다.

마우드갈야나: 목건련(目健連), 신통제일(神通第一)이라 불리는 붓다의 제자로서, 인도 라자그리야 근처의 구리가촌에서 태어나 사리푸트라와 함께 산자야 스승 아래 제자가 되었으나 나중에 붓다에게 귀의하게 된다.

불교에 귀의한 후에는 붓다의 가르침을 전달하였으며, 《목련경》 등 목건련을 중심으로 설해진 경전이 있다. 십대 제자 중의 수제자로 붓다의 열반 후에 교단을 이끈다.

마하카스야파: 마하가섭(摩訶迦葉), 두타제일(頭陀第一)이라 불리는 붓다의 가장 가까운 제자이다. 인도 라자그리야에서 브라흐만 집안의 아들로 태어나 일찍이 결혼하였으나, 세속적 욕망의 무상함을 깨달아 부부가 함께 출가해 수행자가 되었다.

붓다에게 귀의한 지 8일 만에 가장 높은 지혜의 경지인 아라한(阿羅漢)의 경지를 증득한 그는 항상 의식주에 대한 집착을 버리고 심신을 수련하는 두타행

을 행하였으며, 불교 교단의 으뜸가는 제자로 존경받았다. 붓다가 열반한 후 교단을 운영하게 되었으며, 붓다의 500제자들을 모아 붓다가 설한 경(經)과 율(律)을 결집하였다. 선가(禪家)에서는 붓다의 법을 전한 제1조 조사로서 받들고 있다.

아니루다: 아나율(阿那律), 천안제일(天眼第一)이라 불리는 붓다의 제자로서, 사키야족 또는 석가족 출신의 왕자이다. 정반왕의 동생 감로반왕의 아들로서, 붓다의 사촌동생이 된다. 붓다가 깨달음을 이루고 고향을 방문했을 때 난타와 아난다와 데바 등과 함께 출가하였으며, 오랜 수행으로 인하여 하늘까지를 관찰할 수 있는 하늘 눈을 얻었기에 천안 제일이라 불려진다.

수부티: 수보리(須菩提), 혜공제일(解空第一)이라 불리는 붓다의 제자로서, 우주의 평등한 진리, 공(空)한 이치를 깊이 체득하였다. 《금강경》은 붓다와 수보리와의 대화를 기록한 것이다.

푸루나: 부루나(富樓那), 설법제일(說法第一)이라 불리는 붓다의 제자로서, 말을 잘하고 남을 교화시키는 것이 탁월하여, 제자들 중 설법이 가장 뛰어났다고 한다. 《법화경》 500제자 수기품에서 미래에 성불하리라는 수기를 받았으며, 이후 법명이 여래라 불리게 될 것이라 하였다.

카트야야나: 가전연(迦旃延), 논의제일(論議第一)이라 불리는 붓다의 제자

로서, 남인도 사람이다. 붓다의 제자 중 논의(論議)를 함에 있어 타의 추종을 불허하는 재질을 가졌다고 한다. 붓다의 열반 후에 왕사성의 결집에서 율의 송출을 담당한다.

우팔리: 우바리(優婆離), 지계제일(持戒第一)이라 불리는 붓다의 제자로서, 인도의 4성 계급 중 가장 천한 계급인 수드라 출신으로 원래는 석가족 궁중의 이발사였는데, 석가족 왕자들이 출가할 때 같이 출가하여 붓다의 제자가 되었다. 붓다의 제자 중 가장 훌륭히 계율을 지켰다고 하며, 붓다가 열반에 든 후에 마하가섭의 주재하에 경전을 결집할 당시 율(律)을 확정 짓는 데 중요한 역할을 하였다고 한다.

라훌라: 라훌라(羅候羅), 밀행제일(密行第一)이라 불리는 붓다의 제자로서, 붓다의 아들이다. 붓다가 출가하던 날 밤에 태어났다고 전하는 라훌라는 15세에 출가해 사리푸트라를 은사로 최초의 사미계(沙彌戒)를 받았다. 라훌라의 산스크리트어 뜻이 장애인데, 그의 이름을 라훌라라고 한 것은 그가 태어날 때 라훌라 아수라왕이 달을 가려 붓다의 출가를 막으려고 했기 때문이라고 한다. 출가한 이후 그는 남이 보이지 않는 곳에서 언제나 선행 및 수행을 철저히 했기에 밀행제일(密行第一)이라 불린다.

아난다: 아난다(阿難陀), 다문제일(多聞第一)이라 불리는 붓다의 제자로서, 붓다의 사촌동생이다. 데바닷다의 친동생이며, 8세에 출가해 붓다의 제자가

되었다. 잘생긴 얼굴 탓으로 여러 차례 여자들로부터 유혹이 있었다고 전하는데, 붓다의 열반 후 수행에 전력하여 깨달음의 경지인 아라한과를 증득하게 되었다.

언제나 붓다 곁에서 붓다의 가르침을 가장 많이 듣고 질문을 하여 다문 제일이라 불렸으며, 붓다의 열반 후 마하가섭에 의해 경전이 결집되던 당시 붓다의 가르침과 법을 그대로 외워 경전결집에 중요한 역할을 담당하였다.

붓다의 가르침과 인도의 여섯 철학 체계

붓다가 인도의 철학 체계를 공부를 하고 영향을 받아 불교로서 새롭게 정립을 하였지만 불교의 배경에 대해 더 깊이 알고자 한다면 인도의 핵심적인 여섯 철학 체계를 이해할 필요가 있을 것이다. 인도의 가장 체계화된 여섯 철학은 베다의 가르침을 인정하면서 독자적으로 진리의 접근을 가능하게 하는 수행 체계이다. 이러한 여섯 수행 체계이자 수행철학을 다르사한이라고 하는데, 가우타마의 니야야, 카나다의 바이셰시카, 카필라의 삼크야, 파탄잘리의 요가, 자이미니의 미맘사, 바다라야나 또는 브야사의 베단타가 그것이다. 이 수행철학은 각각이 하나의 단계로서 따로 존재하는 것이 아니라 서로를 보완하면서 진리의 세계로 다가가게 하는 방편으로 짜여져 있다.

첫번째 니야야 체계

니야야는 가우타마에 의해 정립된 철학 시스템으로, 한자로는 정리(正理) 철학이라고도 번역되었다. 니야야는 탐구원리를 체계적으로 접근해 들어가는 추리의 과학 '타르카 사스트라'라고 하여 논리학으로 불린다. 니야야는 열여섯 가지의 지식 획득의 수단인 파다르타를 통하여 지식 획득을 검증한다.

그것은 다음과 같다.

    1. 지식 확인의 수단(인식방법-프라마나)

    가. 인지력, 지각(프라트약사)

    나. 유추, 추론(아누마나)

    다. 비유(우파마나)

    라. 언어 검증(사브다)

2. 지식 획득의 대상(프람야)

3. 의심(삼사야)

4. 목적(프라요자나)

5. 예증(드리스타나)

6. 원리를 세움(시단타)

7. 논리적 논쟁의 부분, 논증 요소(아바야바)-니야야의 5단 논법

8. 이성의 과정, 가정적 논증(타르카)-어떤 주장의 불합리로 처음의 주장을 간접으로 증명하는 것

9. 결론을 그리는 기술(니르나야)-합당한 인식방법을 적용하여 확실한 인식에 도달하는 것

10. 대화, 논의(바다)-전제와 결론 인식의 수단과 기준을 명료하게 진술된 논증이나 토론

11. 논쟁(잘파)-진리에 도달하는 것이 아니라 승리를 목적으로 하는 쟁론

12. 흠을 잡는 것, 논파(비탄타)-논증하는 데 주장이 없이 오직 상대방의 주장을 파괴하는 것

13. 허위와 속이는 것, 그릇된 이유(해트바바사)-바른 이유처럼 보이지만 사실은 아닌 것

    가. 결론이 나지 않은 것(사브야비헤하라)

    나. 모순적인 말(비루다)

    다. 질문과 같은 것(프라카라나사마)

    라. 입증이 되지 않은 것(사드야사마)

　마. 뒤늦은 것(카라티타)

14. 궤변, 이렇게도 저렇게도 해석되는 것(찰라)

　가. 언어(바크찰라)

　나. 일반화(사난야찰라)

　다. 수식적인(우파라찰라)

15. 쓸데없는 논쟁, 그릇된 논박(자티)-부당한 논리에 의해 자신의 입장을 방어하거나 상대를 논박하는 것

16. 첫번째 원리를 부정하는 것, 약점(니그라한스타나)-논쟁이 패배하는 근거

두번째 바이셰시카 체계

바이셰시카는 카나다에 의해 창시되었으며 특수한 특성들을 유추한다. 거기에는 진리의 일곱 가지 범주가 있으며, 그것을 '파다르타스'라고 한다.

첫번째는 실체(드라브야)이며,

그 특성은 다음의 아홉 개의 드라브야, 즉 요소들이다.

　1. 땅(프리티비)

　2. 물(아파스)

　3. 불(테자스)

　4. 공기(바유)

　5. 공간요소(아카샤)

　6. 시간(칼라)

7. 공간의 방향(디크)

8. 영혼(아트만)

9. 마음(마나스)

두번째는 24속성(구나)들을 표현하였다.

그것은 색깔, 맛, 냄새, 감촉, 소리, 수, 크기, 개별성, 연결, 분리, 근접성, 원격성, 인식, 쾌락, 고통, 욕망, 혐오, 노력, 무게, 유동성, 습윤성, 잠재력, 선덕, 악덕 등이다.

세번째는 행위(카르마),

네번째는 보편(사만야),

다섯번째는 특수(비세사),

여섯번째는 내속(사마바야),

일곱번째는 비존재(아바바)이다.

세번째 삼크야 체계

삼크야는 인도에서 가장 오래된 철학 시스템으로, 카필라에 의해 체계화되었다. 삼크야 철학은 인도에서 가장 잘 알려진 철학학파 중의 하나이며, 많은 철학, 의학 등에 좋은 영향을 미쳤다.

삼크야 철학에는 절대적인 참 나 푸루샤와 상대적인 자연 프라크리티가 존재하며, 프라크리티에는 그것으로부터 발현된 스물세 가지 요소가 있다. 그것은 다음과 같다.

1. 부띠: 이성

2. 아함카라: 섬세한 에고
3. 마나스: 마음
4-8. 부띠-인드리야스: 다섯 가지 감각의 지각(보고, 맛보고, 듣고, 냄새 맡고, 접촉)
9-13. 카르마 인드리야스: 다섯 가지 감각의 행동(언어 표현, 쥐는 것, 운동, 생식, 제거하는 것), 라자스 아함카라(활동적인 에고)
14-18. 탄마트라스 다섯 가지 섬세한 요소(소리-사브다, 색깔-루파, 맛-라사, 냄새-간다, 접촉-스파르사), 타마스 아함카라(거친 에고)
19-23. 부타스, 타트바스: 다섯 가지 거친 요소(에테르, 지, 수, 화, 풍)

삼크야 철학을 보통 수론(數論)이라고 부른다. 지식의 배열이 완전히 정리되지 않으면 객관적인 지식이 확립되지 않는다는 것이다.

네번째 요가 체계

파탄잘리에 의해 정립된 요가는 인도에서 나온 가장 위대한 지혜이다. 요가의 여덟 가지의 형태는 다음과 같다.

1. 야마-다섯 가지의 하지 말아야 할 것
2. 니야마-해야 될 것
3. 아사나-동작
4. 프라나야마-호흡 수행
5. 프라트야하라-감각의 통제
6. 다라나-마음의 집중

7. 드야나-명상

8. 삼매-초월의식

다섯번째 미맘사 체계

미맘사는 자이미니에 의해서 정립되었다.

미맘사 철학은 수행적으로 들어가는데 가장 내밀하고 정밀한 방식으로 접근하여 들어가게 한다. 이 방식은 만트라의 정밀함을 전수하기 위한 중요한 지식 체계가 되며, 만트라의 과학과 말의 체계인 바크 체계를 정립하였다. 거친 차원에서 미세한 차원까지 뚫고 들어가게 하는 정밀함을 체계화한 것이다.

여섯번째 베단타 체계

베단타 철학은 인도의 철학 체계 중의 꽃이며 핵심이다. 브야사에 의해 정립된 베단타는 베다의 끝을 말하는 것이다. 베단타는 개인의 의식을 높이는 네 가지의 특성이 있다.

첫번째는 비베카, 분별력이다. 이 분별력은 영원과 무상 사이의 판별이다. 판별의 미묘한 의미는 브라흐만, 즉 실체만이 영원하며, 그 외의 다른 것들은 덧없고 시간에 구속되어 있다는 확신이다. 또한 비베카는 불완전함의 문제를 예리하게 직시하고 완전함에 대한 분명한 목적을 가진 자이다.

두번째는 바이라그, 무집착이다. 무집착은 판별의 자연스러운 결과이다. 그것은 행위에서 일어난 열매가 무한할 수 없다는 것을 인식하는 것이다. 판별력이 있으면 그 열매로부터 자연스럽게 분리된다는 것이다.

　세번째는 사트삼파티, 여섯 개의 귀중한 요소이다. 그것은 다음과 같다.
　　1. 사마-마음의 통제, 고요함
　　2. 다마-감각의 통제
　　3. 우파라티-절제, 자아의 철수
　　4. 티티크샤-인내
　　5. 사르다-믿음
　　6. 사마다나-마음의 균형, 마음의 집중

네번째는 무묵수트바, 해탈의 강한 열망이다. 우리가 한계와 슬픔으로부터 해방될 강한 열망을 가진다면 기타의 모든 자격은 뒤따른다. 해탈은 삶의 목표 중의 하나가 아니라 유일한 목표이다.

삼매에 대해

불교의 삼매

삼계인 욕계, 색계, 무색계 중에 욕계인 일상의 상태를 넘어서면 색계인 유상삼매에 들게 된다. 유상삼매에는 초선정, 2선정, 3선정, 4선정이 있으며, 그러한 유상삼매를 지나면 무색계인 무상삼매에 들게 된다. 무상삼매에는 공무변처정(空無邊處定), 식무변처정(識無邊處定), 무소유처정(無所有處定), 비비상처정(非非想處定)이 있으며, 마지막으로 삼계(三界)를 넘어선 멸진정(滅盡定)이 있다.

요가의 삼매

만두캬 우파니샤드에서 의식의 상태는 잠자고, 꿈꾸고, 깨어 있는 의식상태와 그 세 가지와는 다른 제4의 의식상태, 즉 '투리야'의 의식상태가 있다고 하며, 《요가수트라》에서는 일반 의식인 잠, 꿈, 깸의 의식과 함께 여러 단계의 삼매에 대하여 말하고 있다. 그것은 크게 나누어서 유상삼매와 무상삼매를 말하는 것인데, 유상삼매(有相三昧)는 분별을 가지고 있는 삼매이며, 무상삼매(無相三昧)는 분별을 넘어선 삼매라고 한다.

다시 말해, 유상삼매는 다섯 가지 기관의 분별이 남아 있는 사비타르카 삼매와 마음에 대한 분별이 남아 있는 사비차라 삼매를 말하는 것이며, 무상삼매는 행동기관에 대한 분별이 존재하지 않는 니르비타르카 삼매와 마음에 대한 분별이 남아 있지 않는 니르비차라 삼매를 말하는 것이다. '니르'라는 말은 자유롭다, 넘어서 있다라는 뜻이며, 열반(涅槃)이라고 하는 '니르바나'는 넘어선 상태를 의미하는 것이다. '니르비차라'는 조금의 인상이나 씨앗이 없

귀신부리는 책
혼백론

인류 최초로 공개되는
혼백론(魂魄論), 귀신론(鬼神論)

만약 귀신(鬼神)이 없었다면, 신(神)이 없었다면 인류 문명은 지금 어떤 모습일까? 귀(鬼)는 무엇이고, 신(神)은 무엇인가? 인간의 정신(精神)은? 그리고 혼백은? 혼(魂)과 백(魄)은 같은가, 다른가? 영혼(靈魂), 혼령(魂靈), 심령(心靈), 정령(精靈)… 다 그게 그건가? 초문명의 시대, 이런 것 하나 제대로 정리도 안해 놓고 천당이니 지옥이니, 윤회니 해탈이니 하면서 무조건 엎드리라고만 하는데 과연 믿어도 될까? 혼백과 귀신을 모르고는 그 어떤 종교도 철학도 진리(지혜)에 이를 수 없다.

인간은 자신을 속이는 유일한 동물이다. 인간에겐 '헛것'이 가장 크고, '없는 것'이 가장 무겁다. 버리기 전에는 절대 못 느낀다. 그렇지만 '있는 것'은 버려도 '없는 것'은 못 버리는 게 인간이다. 수행은 그 '없는 것'을 버리는 일이다.

본서는 특정한 종교나 방술, 신비주의를 선전코자 쓴 책이 아니다. 오로지 건강한 육신에 건강한 영혼이 깃든다는 명제 아래 유사 이래 인간이 궁금해하던 것, 오해하고 있던 오만가지 수수께끼들을 과학적이고 논리적인 관점에서 풀어냈는데, 이미 많은 독자들이 "왜 진즉에 이 생각을 못했을까!" 하고 탄식을 하였다. 더하여 수행자는 물론 일반인의 건강과 치매 예방을 위해 사색산책법, 호보(虎步), 축지법(縮地法), 박타법(拍打法) 등 갖가지 무가(武家)와 도가(道家)의 비전 양생법들도 최초로 공개하였다. 이제까지 아무도 말해 주지 않았던 비밀한 이야기들로 한 꼭지 한 꼭지가 수행자나 탐구자들이 일생을 통해 좇아다녀도 얻을 수 있을까말까 하는 산지혜들이다. 문명의 탄생 이래 인류가 감춰야만 했던 엄청 불편한 진실 앞에 '천기누설'이란 단어를 절로 떠올리게 된다.

東文選

신성대 지음/ 상·하 각권 19,000원/ 전국서점 판매중

와 상(相)을 넘어선 마지막의 궁극적인 상태는 니르비자 다… 법운삼매(法雲三昧)를 말한다.

… 라마나 마하리쉬는 잠자고, 꿈꾸고, 깨어 있는 세 가지 … 의식을 체험한 사비칼파 삼매와 잠잘 때나, 꿈꿀 때나, … 유지되는 니르비칼파 삼매, 그리고 대상의 가장 섬세한 … 니르비칼파 삼매와 대상과 한계 없이 하나가 되는 사하… 말하였다.

삼계(三界)에 대해

삼계(三界)는 산스크리트어로 '트라이로카'라고 한다. 트라이란 세 가지를 말하며 로카라는 것은 세계를 말하는 것이다. 삼계란 물질적인 세계와 정신적인 세계 전체를 다 포함하는데, 이것을 욕계(欲界), 색계(色界), 무색계(無色界)로 나누어 표현한 것이며, 욕계 11천(天)과 색계 18천(天), 무색계 4천(天)을 합쳐 33천(天)의 세계를 말하는 것이다.

욕계의 11천(天)은 산스크리트어로 '카마 로카'를 말하는 것이며, 가장 낮은 수준의 세계에 존재하는 것이다. 그곳은 오감의 욕망으로 가득 찬 세계이며, 지옥(地獄-니라야)과 함께 아귀(餓鬼-티라차나 요니), 축생(畜生-페티 비사야), 아수라(阿修羅-아수라 니카야), 인간(人間-마누사) 등의 다섯 가지와 사천왕천(四天王天-차투마하라지카), 도리천(忉利天-트라이야스트림사), 야마천(夜摩天-야마), 도솔천(兜率天-투시타), 화락천(化樂天-님마나라티), 타화자재천(他化自在天-파라니미타바사파티)의 6욕천(六欲天)이 여기에 속한다.

색계에는 18천(天)이 있으며, 산스크리트어로 '루파 로카'라고 한다. 색계는 욕계 위에 있으며, 색계사선(色界四禪)이라 하여, 초선(初禪), 이선(二禪), 삼선(三禪), 사선(四禪)이 행해지는 세계이며, 물질적이지만 감각의 욕망을 떠난 세계이다.

무색계는 4천(天)이 있으며, 산스크리트어로 '아루파 로카'라고 한다. 무색계는 물질적인 것이 없어진 순수한 정신만의 세계인데, 무념무상의 삼매(三昧)로서 사무색정(四無色定)의 단계가 있다. 그 첫번째는 허공이 끝없이 펼쳐져 있음을 낱낱이 아는 선정인 공무변처정(空無邊處定-아카사난차야타나 사마디)이며, 두번째는 끝없는 허공을 아는 의식이 허공 가득 펼쳐져 있음을 아

는 선정인 식무변처정(識無邊處定-비나야차야타나 사마디)이다. 세번째는 더 이상 인식할 것이 남김없이 사라져 진정한 무로 돌아간 것인 무소유처정(無所有處定-아킨찬야타 사마디)이며, 네번째는 이미 일체가 소멸되어 버린 상태이지만 미세망념의 작용이 남아 있음을 말하는 비비상처정(非想非非想處定-니르바산난아산나야타나 사마디)이다.

  그리고 그 삼계를 넘어서면 도달하는 것이 니르바나, 즉 열반의 상태인 멸진정(滅盡定)이라고 한다.

산스크리트 발음

[모음]

अ A
आ Ā (길게)
इ I
ई Ī (길게)
उ U
ऊ Ū (길게)
ऋ Ṛi
ॠ Ṛi (길게)
ऌ Ḷi
ए E
ऐ AI
ओ O
औ AU
अं AM (주로 ㅁ 또는 ㄴ 받침)
अः AH

[자음]

1. 후음 क ka ख kha ग ga घ gha ङ ṅa
2. 구개음 च cha छ chha ज ja झ jha ञ ña य ya श śa
3. 반설음 ट ṭa ठ ṭha ड ḍa ढ ḍha र ra ष sha

4. 치음　त ta　थ tha　द da　ध dha　न na　ल la　स sa
5. 순음　प pa　फ pha　ब ba　भ bha　म ma　व va
6. 기음　ह ha

[참고]

이 책에 발음된 산스크리트어에서
'모음'
A와 Ā는 모두 '아'로,
I와 Ī는 모두 '이'로,
U와 Ū는 모두 '우'로,
Ṛi와 Ṛī는 모두 '리'로 표기하였으며,

'자음'
ka와 kha 발음은 모두 '카'로 표기하였으며
ga와 gha 발음은 모두 '가'로,
ja와 jha 발음은 모두 '자'로,
ta와 tha, ṭa와 ṭha 발음은 모두 '타'로,
cha와 chha 발음은 모두 '차'로,
da와 dha, ḍa와 ḍha 발음은 모두 '다'로,
pa와 pha 발음은 모두 '파'로,
ba와 bha와 va 발음은 모두 '바'로,

s와 śa 발음은 모두 '사'로, sha 발음은 '샤'로 표기하였다. 그리고 Na와 ña 발음은 모두 '나'로, ṅa 발음은 주로 'ㅇ' 받침으로 표기하였다.

참고 문헌

Edward Conze: Sources and bibliography of the Prajna Paramita Hridaya Sutra

F. Max Muller: Buddhist Mahayana Texts

玄裝譯本

法性譯本

元曉 般若心經所

The Prajna Paramita Heart Sutra Master hsuan Tsang 1995

A Sanskrit English Dictionary: Motiral Banarsidass Publishers

The Sanskrit English Dictionary by Prin. Vaman Shivaram Apte: RINSEN

Carl Cappeller Sanskrit English Dictionary: Meicho Fukyukai

박지명

영남대 국문학과 졸업
1974년부터 인도 명상을 시작하였으며 오랫동안 인도에 머물면서 스승 아래 인도 명상과 다르사한 체계 및 산스크리트 경전을 공부하였다. 현재 산스크리트 문화원과 그 부설인 히말라야명상센터를 세워 자아회귀명상(스바 삼 비드야 드야나)를 가르치고 산스크리트 경전들을 연구 보급중.
인도의 명상과 요가에 관한 다양한 책들을 번역 및 저술.
저서: 《바가바드 기타》(동문선), 《요가수트라》(동문선), 《우파니샤드》(동문선), 《베다》(동문선)
《양, 한방, 자연요법 내몸건강백과》(웅진윙스)
《명상교전 비그야나 바이라바 탄트라》(지혜의 나무) 외 다수
역서: 《모든 것은 내안에 있다》(지혜의나무), 《요가, 자연요법백과》 외 다수
히말라야명상센터 Tel. 02-747-3351
홈페이지 www.sanskrit.or.kr

이서경

아메리카 산스크리트 인스티튜트
뉴욕대학교 언어학
인도 무자파나가르대학원 베다음성학 석사
인도 무자파나가르 베다학교 베다음성학 연구원
인도 브라마차리 라젠드라에게 산스크리트 사사
인도 판디트 세바람 갈그에게 산스크리트 사사
한국 박지명 선생에게 산스크리트 원전해석과 스리비드야 이론 및 수행 체계 사사
현 산스리트문화원(Sanskrit Cultural Institute) 수석연구원
저서: 《명상교전 비그야나 바이라바 탄트라》(지혜의 나무)
《베다》(동문선)

산스크리트 반야심경

초판발행 : 2010년 10월 20일

東文選

제10-64호, 78. 12. 16 등록
110-801 서울 종로구 계동 140-41
전화 : 737-2795

ⓒ 2010, 박지명 · 이서경

편집설계 : 李姃旲

ISBN 978-89-8038-670-3 94220
ISBN 978-89-8038-000-8(문예신서)